Das Energieprogramm der Fünf »Tibeter«

Brigitte Gillessen

Das Energieprogramm der Fünf »Tibeter«

Kraftvolle Übungen
für Körper, Geist und Seele

Scherz

Die in diesem Buch vorgestellten Übungen sind in Kursen und Seminaren unterrichtet und ausgeführt worden. Bei gesundheitlichen Problemen können sie ärztlichen Rat und Hilfe nicht ersetzen. Autorin und Verlag übernehmen keine Haftung für Schäden, die sich aus dem Gebrauch oder evtl. Mißbrauch der in diesem Buch beschriebenen Übungen ergeben.

Vierte Auflage 2000
Copyright © 1997 by Scherz Verlag, Bern, München, Wien.
Alle Rechte der Verbreitung, auch durch Funk, Fernsehen,
fotomechanische Wiedergabe, Tonträger jeder Art und
auszugsweisen Nachdruck sowie der Übersetzung,
sind ausdrücklich vorbehalten.
Einbandgestaltung: Zembsch' Werkstatt, München,
unter Verwendung eines Fotos der Bildagentur Image Bank
sowie eines Fotos von Helga Belohlawek, München.
Illustrationen: Beate Willich

ISBN 3-502-25007-3

Dieses Buch widme ich allen,
die gegen den Strom schwimmen
und ihre eigene Kraft leben wollen.

Inhalt

Einleitung 9
Sich den Anforderungen stellen 9

1 Sich öffnen 14
Still werden 17 · Die Bedeutung der Mantras 18 · Die Arbeit mit
dem Mantra 20 · Bilder erschaffen in der Visualisation 24

2 Energie aufnehmen 29
Was ist Energie? 31 · Aufmerksamkeit ist lenkbar 33 · Die Energie
lenken 33 · Die Vorstellungskraft einsetzen 37 · Energie aussenden 43 · Die Verbindung mit allen Ebenen des Seins 46

3 Durchlässig werden und fließen lassen 56
Das Erdzentrum finden 59 · Die Kanäle öffnen 62

4 Alte Muster auflösen 74
Erkenne dich selbst 77 · Die Veränderung von Ängsten: ein Drei-
Stufen-Plan 80 · Telepathisch übermittelte Gefühle 85 · Positive und
negative telepathische Gefühle unterscheiden 89 · Negative
Beurteilungen auflösen und vergeben 92 · Ein Schutzschild aus
Licht 93 · Ablösungsprozesse erleichtern 97 · Sich aus blockierenden
Verpflichtungen lösen 101

5 Beten, Segnen, Heilen   103
Beten 104 · Segnen 114 · Heilen 118

6 Die eigene Kraft entwickeln   121
Die eigenen Wurzeln finden 124 · Den Horizont erweitern 125 ·
Abhängigkeiten erkennen 127 · Die Kunst des Träumens 131 ·
Kreative Fähigkeiten entwickeln 131 · Das innere Kraftfeld ent-
decken 133 · Sexuelle Kraft und spirituelle Entwicklung 136 ·
Spirituelle Entwicklung und die Kundalini-Energie 138

7 Meisterschaft leben   144
Spirituelle Erkenntnisse in den Alltag integrieren 145 · Das Leben
selbst gestalten 150 · Von «Ich bin» zu «Ich weiß» 152

Dank   158

Literatur   159

Einleitung

Kaum eine Neuentdeckung der letzten Jahre hat soviel Aufsehen erregt wie die Wiedergeburt der Fünf »Tibeter«. Millionen von Menschen in allen Teilen der Welt praktizieren diese Übungen aus dem Himalaja mit Freude. Es ist wie eine Brise frischer Wind, die diese geheimnisumwitterten Übungen in das persönliche Leben bringen.

Zuerst kaum spürbar, aber mit zunehmendem Training sich steigernd, verändert sich das allgemeine, körperliche Wohlbefinden. Der Schlaf wird besser, die Gesundheit stabiler, und körperliche Kraft und Ausdauer steigern sich. Ganz subtil beginnt sich unser Leben, unser Bewußtsein, zu verändern. Es wird in eine neue Bahn gelenkt, neu ausgerichtet auf ein neues Ziel.

Mit der Stabilisierung der Gesundheit verändert sich nach und nach auch unser seelisches Empfinden und unser emotionales Verhalten. Wir bekommen neuen Mut, Dinge in unserem Leben zu überdenken und unser Leben neu zu gestalten.

Sich den Anforderungen stellen

Wenn wir unseren Lebenslauf nicht linear sehen, sondern ihn als eine Spirale betrachten, kommen wir immer wieder auf einen Punkt zurück, den wir als Geburtspunkt, als Neubeginn, betrachten können. Wie in der Natur jedem Frühling ein Winter vorausgeht, in dem alles Wachstum scheinbar ruht, so erleben auch wir in unserer Entwicklung Zeiten der Zurückgezogenheit und Zeiten der Aktivität. Dieses «Wiedergeboren-Werden» erleben wir immer dann, wenn wir unserem Leben einen neuen, entscheidenden Impuls gegeben haben. Mit jeder Einsicht, mit jeder Veränderung unserer Lebensweise geben wir unserem Leben eine neue Richtung.

Wie eine Schlange, die sich neu häutet, so sind auch wir in der Lage, unsere alten Gewohnheiten, Gedankenmuster, Ängste und Blockierungen abzustreifen. Um neue Energiefelder aufzubauen, müssen wir die alten, ausgetretenen und abgenutzten Pfade verlassen.

Das Energieprogramm der Fünf »Tibeter« gibt uns die Kraft, die Energie, diese Veränderungen in unserem Leben durchzusetzen und einen neuen «Häutungsprozeß» einzuleiten.
Ein Ritual ist mehr als eine Übung. Es besitzt ein Ziel, einen Inhalt, eine geistige Qualität. Wenn Sie mit dem Üben der Fünf »Tibeter« beginnen, sollten Sie sich immer wieder bewußt sein, daß es sich um keine gymnastischen Übungen, sondern um meditative Riten handelt. Im Energieprogramm der Fünf »Tibeter« wird jeder Übung ein geistiger Inhalt zugesprochen. Die geistige Qualität wird durch die Körperhaltungen im Ritual, der äußeren Form, ausgedrückt. Diese Qualitäten entsprechen den Energiegesetzen, die durch Jahrtausende die Grundlage für eine alchemistische Energiearbeit waren.

Der Transformation geht die Entdeckung der eigenen Möglichkeiten, das Kommunizieren mit den verschiedenen Energiequellen in und um uns voraus. Sie wird durch unterstützende Übungen angeregt, die Hilfestellungen sind, um die angesprochenen Qualitäten bewußter kennen und erfahren zu lernen. Wir gehen über den physischen, körperlichen Bereich hinaus in die feinstofflichen Ebenen unseres Seins. Die Veränderungen, die wir erfahren, heilen unsere Emotionen, Gefühle und Gedankenmuster.

Eine Übung ist ein Ablauf von Muskelbewegungen, die unseren Körper stärken und kräftigen. Mit einem Ritual möchte ich etwas bezwecken, etwas ausdrücken oder mitteilen. Der geistige Inhalt, der in meinem innersten Sein entspringt, wird von der körperlichen Gebärde in der äußeren Welt sichtbar gemacht.

Ohne Energie erfolgt keine innere und äußere Bewegung, keine Veränderung. Die Kraft zur inneren Veränderung erhalten wir aus den Ritualen.

Diese Qualität ist wie ein verborgener Edelstein, der gefunden und ans Licht gebracht werden will. Es ist eine Forschungsreise in unsere innere, verborgene Welt. Die Suche nach der verlorenen, vergessenen und verborgenen Kraft in uns gleicht einer Reise nach Shambhala.

In vielen Geschichten und Erzählungen, die im Himalaja von Generation zu Generation weitergegeben werden, erscheint immer wieder der Hinweis auf die sagenumwobene Stadt Shambhala, das himmlische Königreich auf Erden. Shambhala soll sich diesen Erzählungen zufolge in einem verborgenen Tal des Himalaja befinden, und nur der, der bereit und vorbereitet ist, den Weg der Selbsterkenntnis zu gehen, wird dieses Tal finden.

Der Weg nach Shambhala ist eine Suche nach dem inneren Königreich in uns. Auf dieser Suche entdecken wir, wer wir sind, woher wir kommen und wohin wir gehen. Auf der Reise kämpfen wir mit wilden Tieren, die unseren ungelösten

Sorgen und Ängsten entsprechen, gehen durch Höhen und Tiefen in unserem Empfinden, erleben außergewöhnliche Ereignisse und Phänomene. Wir erfahren die Dunkelheit, die Nacht der Seele, und werden erfüllt von den Strahlen des Lichts. Von geistigen Lehrern geführt und gelenkt, erfahren wir unsere innere Meisterschaft.

Die Reise zur eigenen Kraft, zur eigenen Energie, gleicht dieser Reise nach Shambhala. Durch das körperliche Training mit den fünf »Tibeter«-Riten ist unser Körper vorbereitet, eine neue Energie zuzulassen und aufzunehmen. Nach der Entwicklung der körperlichen Kraft folgt im Energieprogramm der Fünf »Tibeter« die Entwicklung der psychischen Energie, die uns die Beherrschung der Gedanken und Gefühle lehrt. Schritt für Schritt erlernen wir, mehr Vertrauen in unsere Führung zu finden. Vorsichtig öffnen sich unsere Schleier der Vergangenheit, die unsere Gegenwart bestimmen, und wir entdecken mehr und mehr unser wahres, inneres Selbst, unsere eigene Kraft. Diese Kraft in Anspruch, in Besitz zu nehmen ist unser Geburtsrecht.

Bevor wir diesen Schritt tun, müssen wir wissen, wie wir uns öffnen und mit welcher Energie wir in Verbindung treten können. Erst wenn uns dies klar ist, können wir durchlässig werden, können wir uns dem Energiefluß hingeben. Beginnt die Energie zu fließen, gleicht sie einem kleinen Bächlein, das langsam zum Bach, zum Fluß und zum Strom wird, bevor es sich in die unendliche Weite des Ozeans ergießt. Auf diesem Weg begegnet es manchen Hindernissen, die den Weg versperren und blockieren. Alte Erfahrungen, Verletzungen, Erinnerungen sind wie Felsen und Staudämme, die ein unbeschwertes Fließen und Strömen verhindern. Mit Hilfe gelenkter Energie gelingt es, diese Blockierungen behutsam zu entfernen.

Auf unserem Weg zum Ozean begegnen wir anderen Flüssen, mit denen wir unsere Energie teilen, mit denen wir uns verbinden, von denen wir Energie erhalten. Wir spüren unsere innere Kraft immer stärker werden und möchten sie mit anderen teilen. Der Funke der Freude und Dankbarkeit springt auf unsere Mitmenschen über und läßt sie Mitreisende werden. Mit der wachsenden Kraft wächst die Verantwortung für unseren eigenen Prozeß. Wir fangen an, unser inneres Selbst besser zu kennen, haben Vertrauen in unser höheres Selbst und lernen, unser Leben selbst zu meistern. Wenn Sie bereit sind, sich auf diese Entdeckungsreise in Ihr Innerstes zu wagen, können Sie mit dem Abenteuer, dem Energieprogramm der Fünf »Tibeter«, beginnen.

I

Sich öffnen

Abb. 1: Der Erste »Tibeter«

Alles Neue, das wir in unser Leben einlassen möchten, beginnt mit dem ersten Schritt: offen sein für das Unbekannte, das auf uns zukommt. Das erfordert, daß ich erst still werde, leer werde von den alltäglichen Dingen um mich. Es ist das Einstimmen auf das Unbekannte, die neue Erfahrung, die in unser Leben tritt. Es ist aber auch das Wahrnehmen der neuen Richtung, aus der die Erkenntnisse zu uns kommen. Das erste Ritual der Fünf »Tibeter« drückt diese innere Haltung aus.

Wenn wir das erste Ritual ausführen, stehen wir gerade, die Füße berühren den Boden, die Wirbelsäule ist gerade, der Kopf ist aufrecht. Durch das bewußte Ausrichten des Körpers in seiner Längsachse dehnen wir uns nach unten und oben aus. Die Hände befinden sich gefaltet vor der Brust. Es ist eine Haltung, die Ruhe erfordert. Wir ziehen uns von der alltäglichen Unruhe zurück in unser innerstes Sein. Aber ist es dort wirklich still? Springen nicht Hunderte von Gedanken wie eine aufgescheuchte Affenherde durch unseren Kopf? «Was habe ich heute noch alles zu erledigen, welche Termine drängen, was muß gemacht werden ...?» Endlos ist unsere Liste an Möglichkeiten, die uns in der Außenwelt gefangenhalten.

Seit Jahrtausenden wissen die sich geistig entwickelnden Menschen um die Kraft der Mantras und die Kunst der Visualisation. Mit Hilfe von Mantras und Visualisationen gelingt es, den Geist zu beruhigen und die Aufmerksamkeit von der lärmenden Außenwelt zu unserem innersten Sein zu lenken. Wie der physische Körper hat auch der Energiekörper des Menschen eine bestimmte Struktur, eine innere «Anatomie». Wir verstehen darunter verschiedene Energieleitbahnen und Energiesammelpunkte, die wir mit der ersten »Tibeter«-Übung entdecken und öffnen wollen.

Wenn wir unseren Blick nach innen richten, entdecken wir einen inneren Energiekanal entlang der Wirbelsäule, der uns mit Erde und Himmel verbindet. Entlang dieses Energiekanals finden wir sieben Energietransformatoren in Form von Energierädern, den Chakras (siehe Abb. 2). Wie Wirbel oder Trichter werden die Chakras von hellsichtigen Menschen wahrgenommen. Die Chakras sind horizontal ausgerichtet und dehnen sich von der Vorderseite des Körpers bis zur Wirbelsäule aus.

Durch Energielenkung in Form von Worten (wie z.B. beim Singen von Mantras) oder durch Visualisation (z.B. von Farben) wird die Schwingungsfrequenz der einzelnen Chakras aktiviert und erhöht. Die Chakras öffnen sich und die Schwingungen dehnen sich über die körperliche Ebene in die feinstofflichen Schichten, in die Aura, aus. Dadurch erfahren der emotionale Körper, der mentale Körper und der spirituelle Körper eine energetische Öffnung. Wir dehnen unser Energiefeld nach allen Richtungen aus, um neue Erfahrungen zulassen zu können.

Sich öffnen bedeutet immer auch bereit sein zur Veränderung. Mit dem Öffnen der Hände und Arme heißen Sie alle Energien willkommen, die von außen, von der Erde und dem Kosmos, Ihr Energiefeld berühren.

Dann drehen Sie sich. Die Drehung nach rechts ist die Richtung, die Energie in Ihren Körper hineinzieht. Es gab viele Diskussionen um Rechts- und Linksdrehung. Das Energiegesetz, das alle Heiler der Welt beachten, lautet: «Rechtsbewegung bringt aufbauende Energie in den Körper, Linksbewegung bringt blockierte Energie aus dem Körper.» Wenn Sie Ihr Ritual «Energieöffnung» beenden wollen, bleiben Sie stehen und falten die Hände vor Ihrem Herzen. Mit dieser Geste öffnen Sie den Mittelpunkt Ihres Selbst, den Sitz Ihrer Seele, Ihr Herz.

Durch dieses Ritual öffnen wir zugleich unsere sieben Hauptchakras, erfühlen unsere Achse zwischen Erde und Himmel und dehnen unsere feinstofflichen Zentren aus. Mit geöffneten Armen ziehen wir in der Drehbewegung Energie an und öffnen unsere Mitte.

Während der Drehbewegung können Sie folgende Affirmationen benützen:

Ich öffne mich den kosmischen Energien.
Ich bin bereit, mich zu verändern.
Ich bin ein Gefäß für die göttliche Energie.
Ich bin bereit, neue Erfahrungen anzunehmen.

Nach Beendigung der Übung bleiben Sie noch eine Weile stehen, bevor Sie für die nächste Übung bereit sind.

Die nachfolgenden Übungen sollen Ihnen helfen, die Erfahrung des Sich-Öffnens noch zu vertiefen. Sie können und sollen unabhängig von den Fünf »Tibeter«-Ritualen praktiziert und geübt werden.

Still werden

«Bevor man ein Glas füllen kann, muß es leer sein.» Diese alte Weisheit hat auch hier, vor Beginn der Übungen, ihre Richtigkeit. Ein Zustand der Leere, Ruhe und Gelassenheit ist die beste Voraussetzung, um unsere Energiekörper mit neuer, frischer Energie zu füllen.

Wenn der Kopf mit Gedanken voll ist, ist eine körperliche Entspannung schwer möglich. Doch je mehr wir uns bemühen, ohne Gedanken zu sein, desto intensiver wird die Gedankenflut in unserem Kopf.

Beenden Sie für einen Augenblick die Lektüre, und versuchen Sie, für eine Minute ohne Gedanken zu sein. Je mehr Sie es wollen, desto weniger wird es funktionieren. Unser Kopf ist voll von allen möglichen Gedanken, Schlagertexten, die wir gerade im Auto gehört haben, Werbeslogans, die wir im Vorbeifahren aus dem Augenwinkel noch erhaschen, eigenen, inneren Dialogen, die wir mit uns selbst führen usw. All das füllt den «Arbeitsspeicher» unseres Gehirns. Wenn wir auf Ruhe umschalten, spult unser Gehirn diese Dinge gnadenlos wie eine Schallplatte mit Sprung ab.

Es gibt eine Reihe von erprobten Methoden, um diese Gedankenflut zu unterbinden. Empfohlen seien hier besonders zwei Mantra-Übungen und zwei Bilder-Visualisationen (Sonnen- und Wasserfall-Übung), die nachfolgend besprochen werden.

Die Bedeutung der Mantras

Ein Mantra ist ein heiliges Wort, das eine göttliche Schwingung erzeugt. In der indischen und tibetischen Religion werden Mantras rezitiert, um den Geist von allen weltlichen Gedanken zu reinigen und auf die göttliche Energie einzustimmen. Das bekannteste Mantra ist das «OM», das Schöpfungsmantra, der Urklang, durch dessen Kraft nach Auffassung hinduistischer Philosophie die Welt entstanden ist. Das Mantra OM oder auch AUM spielt seit Jahrtausenden eine große Rolle in der geistigen Entwicklung. Das Schwingungsfeld, das die Rezitation dieses Mantras erzeugt, aktiviert die feinstofflichen Zentren im Menschen. Schwingung ist Energie, und das Singen eines Mantras erzeugt bestimmte Schwingungsfelder, die für die geistige Entwicklung genutzt werden können. Die indischen Weisheitsbücher, die *Upanishaden*, erklären die Bedeutung von OM folgendermaßen:

Die Essenz aller Wesen ist die Erde,
die Essenz der Erde ist das Wasser,
die Essenz des Wassers sind die Pflanzen,
die Essenz der Pflanzen ist der Mensch,
die Essenz des Menschen ist die Rede,
die Essenz der Rede ist das Heilige Wissen,
die Essenz des Heiligen Wissens ist Wortlaut und Klang,
die Essenz von Wortlaut und Klang ist das OM.

Bei Swami Sivananda Sarasvati heißt es:

OM ist die innere Musik der Seele ...
Verwirkliche dich durch OM.
Denke immer OM.
Singe OM.
Rezitiere OM.
Übe OM.
Meditiere OM.
Betritt das Schiff OM.
Segle sicher auf ihm ...
Und lande wohlbehalten in der wunderbaren
Stadt des Ewigen Brahman.

Mit diesem Vers unterstreicht Swami Sivananda Sarasvati die Bedeutung und Wichtigkeit des Mantras OM.

In jeder Glaubensrichtung finden sich entsprechende heilige Wörter, die als Brücken dienen zwischen weltlichen Gedanken und der geistigen Ausrichtung auf die spirituelle

Schwingung. Das große Mantra der tibetischen Mystik «Om Mani Padme Hum» huldigt dem Höchsten in seiner Vollendung. Es bedeutet: «Heil ihm, der das Juwel im Lotus ist.» Das Russische Herzensgebet «Herr, erbarme Dich meiner» entspricht dem indischen Mantra «OM namah Shivaya». «Halleluja», «Kyrie Eleison», das «Vaterunser» und das «Ave-Maria» sind die Mantras der christlichen Religion. Das «Amen» ist eine veränderte Form des AUM mit einem ähnlichen Schwingungsfeld. Wenn Sie mit einem Mantra arbeiten wollen, so sollten Sie mit dessen Sinn und Inhalt vertraut sein.

Die Arbeit mit dem Mantra

Das Mantra kann laut gesprochen oder leise rezitiert werden. Das Rezitieren eines Mantras soll den Geist von den Alltagsgedanken befreien und ihn auf die höchste Ebene führen.

Wir aktivieren unseren Gehörsinn, denn Gedanken sind innerliches Hören, um den Geist zu beruhigen.

Übung:

Setzen Sie sich bequem hin, und halten Sie Ihren Rücken gerade.
Legen Sie Ihre Hände mit den Handflächen nach oben auf die Oberschenkel.
Schließen Sie die Augen, um die Aufmerksamkeit von der Außenwelt abzuwenden.
Sprechen oder singen Sie das von Ihnen ausgewählte Mantra laut oder leise.

Ein Mantra verstärkt auch die Entwicklung bestimmter seelischer Qualitäten. Ich möchte Ihnen ein Mantra vorstellen, das durch seine Schwingungsfrequenz bestimmte geistige Qualitäten in uns aktiviert. Ich nenne es «Seelenbewußtseins-Mantra».

Das Seelenbewußtseins-Mantra

Ich bin eine Seele
Ich bin göttliches Licht
Ich bin göttliche Weisheit
Ich bin göttliche Liebe
Ich bin göttliche Kraft
Ich bin göttliche Kreativität
Ich bin vollkommen (in meiner Schöpfungsgestalt)

Wenn Sie dieses Mantra häufiger rezitieren, wird sich Ihr Bewußtsein auf diese Qualitäten ausrichten und sie in Ihrem Leben verwirklichen.

Durch das Rezitieren eines Mantras und die gleichzeitige Lenkung der Aufmerksamkeit auf ein Chakra beruhigen wir den Fluß der Gedanken und lenken die gesammelte, konzentrierte Gedankenkraft auf die Aktivierung dieses Chakras.

Die Bedeutung der Chakras

Das erste Chakra wird als Basis- oder Wurzel-Chakra bezeichnet. Es befindet sich zwischen Anus und Genitalien.

Das zweite Chakra wird Polaritäts- oder Sexual-Chakra genannt und ist ca. eine Handbreite oberhalb der Schamhaargrenze lokalisiert.

Das dritte Chakra, das Solarplexus-Chakra, befindet sich

zwischen dem unteren Ende des Rippenbogens und dem Nabel.

Das vierte Chakra ist das Herz-Chakra in der Brustmitte.

Das fünfte Chakra liegt am unteren Ende des Halses.

Das sechste Chakra wird als Stirn-Chakra oder Drittes Auge bezeichnet und liegt an der Nasenwurzel.

Das siebte Chakra wird Kronen- oder Scheitel-Chakra genannt und liegt in der Mitte des Scheitels.

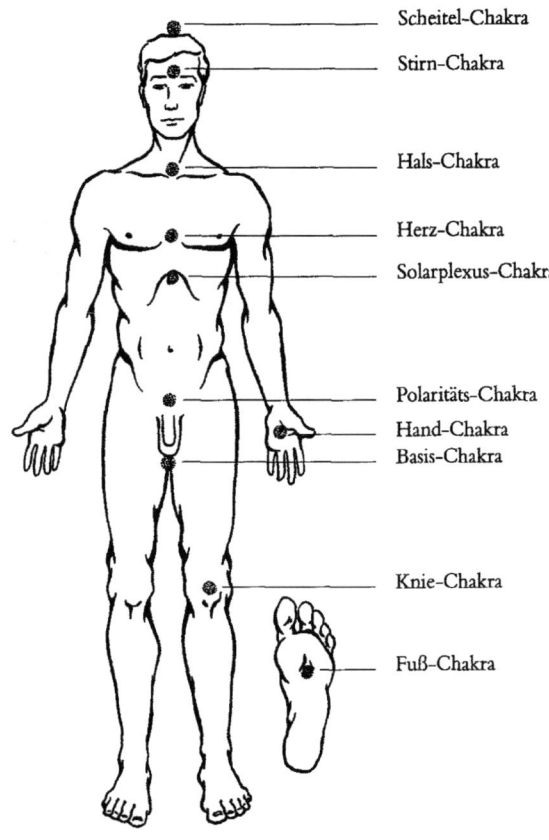

Abb. 2: Die Haupt- und Nebenchakras

Auf der physischen Ebene versorgen die Chakras alle Energieleitbahnen, die wir auch unter dem Begriff Meridiane aus der chinesischen Medizin kennen, mit Lebensenergie. Sie beeinflussen die Funktion aller körperlichen Organe. Ganz besonders intensiv reagieren die Drüsen auf die Chakraschwingungen.

Chakra	Körperorgan	Drüsen
1. Basis-Chakra	Wirbelsäule, Knochen, Beine, Rektum, Darm, Blut	Nebennieren
2. Polaritäts-Chakra	Fortpflanzungsorgane, Nieren, Verdauung, Körperflüssigkeit	Keimdrüsen, Eierstöcke, Prostata, Hoden, Uterus
3. Solarplexus-Chakra	Leber, Galle, Magen, Vegetativum	Bauchspeicheldrüse, Leber
4. Herz-Chakra	Herz, Lunge, Kreislauf, Haut, Hände	Thymusdrüse
5. Hals-Chakra	Kehle, Bronchien, Lunge, Stimmbänder	Schilddrüse, Nebenschilddrüse
6. Stirn-Chakra	Augen, Nase, Ohren, Gesicht, Kleinhirn	Hirnanhangdrüse
7. Scheitel-Chakra	Schädelknochen, Großhirn	Zirbeldrüse

Im physischen Körper halten die Chakras das Leben in Fluß. Je harmonischer und ausgeglichener dieser Fluß ist, um so gesünder, kraftvoller und energiegeladener ist der Mensch. Auf der feinstofflichen Ebene reagieren die Chakras auf unseren Gemütszustand, auf unsere Emotionen, auf unsere Gedanken und Gedankenmuster und unsere spirituelle Ausrichtung.

So entwickelt sich durch ein vitales Basis-Chakra eine starke Beziehung zur Erde und zur materiellen Welt. Es entstehen Urvertrauen, Stabilität, Durchsetzungskraft und Lebenswille. Im zweiten Chakra wird die Polarität wahrgenommen. Erotik, Sexualität, Sinnlichkeit, Lebensfreude, spontane Gefühle und Kreativität werden hier genährt. Durch das dritte Chakra entfaltet sich die Persönlichkeit. Hier werden Gefühle, Erlebnisse und Erfahrungen verarbeitet. In der Folge entstehen dann Kraft, Wille und Erkenntnisse. Im vierten Chakra entwickeln sich die Herzensqualitäten Liebe, Hingabe, Mitempfinden, Verzeihen, Rücksichtnahme und Heilung. Das fünfte Chakra ist das Zentrum für Kommunikation, Offenheit, Ausdruck und die Verbindung zu den höheren geistigen Bereichen. Die Entwicklung des sechsten Chakras bringt inneres Wissen und Erkenntnisse, Geisteskraft, Willensleitung und Intuition.

Das siebte Chakra verbindet uns mit dem universellen Bewußtsein durch direkte innere Schau der höchsten Erkenntnisse. Wir erleben das All-eins-Sein.

Eine andere erprobte Methode, die Gedankenflut zu unterbinden, ist die Visualisation, die willentliche Erschaffung von Bildern.

Bilder erschaffen in der Visualisation

Mit unserem inneren Auge erzeugen wir Bilder, die unseren Geist entspannen und beruhigen. Wenn Sie träumen, sendet Ihnen Ihr Unterbewußtsein Bilder, die Ihnen etwas sagen und mitteilen wollen. Dies können Sie umkehren und Ihrem Unterbewußtsein durch Bilder mitteilen, was Sie jetzt wollen: Ruhe und Entspannung.

Nachfolgend stelle ich Ihnen zwei Bilder-Visualisationen vor, die Sonnen- und Wasserfall-Visualisation. Beide haben sich in meiner Praxis als äußerst wirkungsvoll erwiesen. Feuer (Sonne) und Wasser sind die Elemente in der Natur, die die stärkste Reinigungskraft haben. In allen Naturreligionen wird die reinigende Kraft von Wasser und Feuer bei heiligen Ritualen eingesetzt. Mit dem Verbrennen von geweihten Gegenständen, bei Räucherungen und Opferung wird durch die Kraft des Feuers Energie geläutert und transformiert. Wasser reinigt die Aura und klärt negative und unklare Gedankenmuster. In der Taufe reinigt das Wasser von allen Sünden, und in der Bibel steht: «Ich wasche meine Hände von Schuld frei.»

Bevor wir mit der Visualisation beginnen, empfiehlt es sich, unseren Körper einzustimmen und ihn somit darauf vorzubereiten.

Übungsvorbereitung:

Wir sitzen gerade, mit beiden Beinen auf der Erde.
Die Beine sind schulterbreit geöffnet.
Die Wirbelsäule ist gerade.
Die Schultern sind locker.
Der Kopf ist gerade.
Die Arme und Hände sind leicht und locker.
Das Gesicht ist entspannt.
Der Mund lächelt leicht.
Die Augen sind geschlossen.
Der Atem geht ruhig und entspannt.

Dann beginnen wir mit der Visualisation.

Übung 1: Die Sonnen-Visualisation

*Ich gehe mit meiner Aufmerksamkeit in die Füße und öffne meine
Fuß-Chakras.
Die Fuß-Chakras stelle ich mir wie kleine Sonnen vor, die sich in der
Fußmitte befinden.
Mit jedem Einatmen werden diese Sonnen größer, so groß, daß sie
sich über den gesamten Fuß ausdehnen.
Dann gehe ich mit meiner Aufmerksamkeit in die Knie.
Auch dort stelle ich mir Sonnen vor, die sich mit jedem Einatmen
ausdehnen.
Ich gehe mit meiner Aufmerksamkeit in das Basis-Chakra.
Ich stelle mir eine Sonne vor, die bei jedem Einatmen sich ausdehnt
und mit ihrer Wärme den Körper erfüllt und deren Strahlen über
den Körper hinaus reichen.
Ich gehe mit meiner Aufmerksamkeit in
das Polaritäts-Chakra
den Solarplexus
ins Herz-Chakra
in das Hals-Chakra
in das Stirn-Chakra
in das Scheitel-Chakra
und wiederhole die Vorstellung von der Sonne, die mit Wärme diese
Körperregion erfüllt und mit ihren Strahlen über die Begrenzung
des Körpers hinausscheint.*

Eine weitere sehr gute Übung, die uns dabei hilft, leer zu
werden, ist die folgende Visualisation.

Übung 2: Die Wasserfall-Visualisation

Ich stelle mir vor, wie ich unter einem Wasserfall stehe.
Es ist warm, und das Wasser hat eine angenehme Temperatur.
Das Wasser mit seiner starken reinigenden Wirkung läuft über
  den Kopf
  den Hals
  die Brust
  den Bauchraum
  das Becken
  die Beine
  die Füße
  in die Erde und nimmt alle Energien,
  die nicht zu mir gehören, von mir.

Die Vorstellung von der reinigenden Kraft des Wasserfalls können wir auch auf das Chakrasystem übertragen. Diese Übung läßt sich hervorragend einsetzen, wenn Sie unter der Dusche stehen. Besonders am Abend, bevor Sie ins Bett gehen, empfiehlt es sich, diese Wasserfall-Visualisation unter der Dusche durchzuführen. Sie können sich damit von allen fremden Energien, die sich im Laufe des Tages angeheftet haben, reinigen. Eine Verstärkung dieser Reinigung erfahren Sie, wenn Sie der Übung den folgenden kurzen Gebetsspruch aus der Essener-Tradition hinzufügen:

«Engel des Wassers, nehmt bitte alle Energien von mir, die nicht zu mir gehören.»

Die in diesem Kapitel beschriebenen Mantra- und Visualisations-Übungen werden Ihren Geist beruhigen und ihm die Möglichkeit geben, sich vom weltlichen Lärm zurückzuziehen in die innere, geistige Ruhe. Es ist ein Signal, das Sie Ihrem Körper geben, eine bewußte Entscheidung, ein Sich-Öffnen für neue Erfahrungen, neue Dimensionen.

2

Energie aufnehmen

Abb. 3: Der Zweite »Tibeter«

Bei der ersten »Tibeter«-Übung haben wir uns leer gemacht und geöffnet, um für neue Energien bereit zu sein. Die Mantra-Übungen und die Visualisationen haben dieses Sich-Öffnen für neue Erfahrungen unterstützt. Bei der zweiten Übung sind Sie bereit, neue Energien aufzunehmen.

Sie liegen auf dem Boden, wenn Sie mit dem zweiten »Tibeter«-Ritual beginnen. Beim Einatmen senken Sie den Kopf auf die Brust und heben die Beine an. Das Bild, das dadurch entsteht, gleicht einer Blüte, die sich öffnet. Mit dem Einatmen öffnen Sie Ihre Lungen zu einem intensiven Energieaustausch, Sie ziehen mit Ihrer Körperhaltung neue Energien an, und in der Ausatemphase fließt diese Energie durch den ganzen Körper.

In diesem Kapitel werden Sie verschiedene Energiequellen kennenlernen, und es führt Sie ein in die Kunst der Energielenkung. Betrachten Sie diese Übungen als Ergänzung, als Bewußtwerdungsprozeß auf Ihrem Entwicklungsweg. Die nachfolgenden Übungen lehren Sie, zuerst ein lebendiges Empfinden für Ihre eigene Energie zu entwickeln, bevor Sie die Energiequellen außerhalb Ihres Körpers wahrnehmen werden. Sie erfahren, wie diese Energie, geführt von Ihrer Vorstellungskraft, in Bewegung kommt und gelenkt werden kann. Dies geschieht zuerst in Ihrem eigenen Körper. Sind Sie damit vertraut, gelingt es auch, diese Kraft auszusenden.

In der Kontaktaufnahme mit den Naturreichen und kosmischen Quellen lernen Sie, wie Sie diese Kräfte nutzbar machen und für Ihre Stärkung und Heilung einsetzen können.

Bei der Ausführung des zweiten Rituals stellen Sie gedanklich, während Sie einatmen, eine Verbindung zu dem Energiefeld her, das Sie in Ihr Leben einladen möchten, z.B.: «Ich möchte Kontakt mit dem Pflanzenreich und bitte diese Energien, in mein Leben zu kommen.» Wenn Sie ausatmen, visualisieren Sie, wie die Kraft dieser Energieebene in Ihr Energiefeld einfließt. Stellen Sie sich eine Öffnung, ein Fenster oder ein Tor vor, durch das diese Energie zu Ihnen kommt. Mit jeder Übung und mit jedem Atemzug werden dieser Energiestrom und Ihr Wissen über diesen Bereich größer.

Nehmen Sie immer nur eine Energieebene in Ihren Übungsablauf auf.

Was ist Energie?

Vielen Menschen ist der bewußte Umgang mit feinstofflicher Energie nicht vertraut. Wir wurden auch nicht dazu erzogen, mit dieser Energie umzugehen. In der westlichen Zivilisation ist es meist gängige Praxis, nur an das zu glauben, was man messen, sehen oder mit einem technischen Gerät ausfindig machen kann.

Wenn ich von Energie rede, so meine ich hier die feinstoffliche Energie, die uns umgibt. Die Inder nennen sie Prana, die Chinesen Chi, die Hawaianer Mana, die Germanen nannten sie Od. Es ist die Kraft, die Leben erst möglich macht, die die unterschiedlichsten Nuancen in der Natur, in der Schöpfung formt.

Energie ist Kraft. Sie ist in ihrem Kern weder positiv noch negativ, sondern neutral. Erst wenn wir Energie benutzen, wenn wir mit unseren Gedanken und Gefühlen Energie aktivieren, erhält sie eine bestimmte Qualität. Um mit Energie umgehen zu können, muß sie erlebt werden, gespürt werden. Energie kann heilen, aber auch zerstören, aufbauen oder blockieren. Sie kann verschiedene Formen haben: breit gestreut, fokussiert, wellenförmig, nebelartig. Sie hat unterschiedliche Temperaturen, ist warm und kalt, und sie zeigt sich mit einer Qualitätsskala von sanft und schmeichelhaft bis hart und bedrängend. Sie ist wie das Leben und bestimmt es in allen Bereichen.

Zwei Energiegesetze sind hier von besonderer Bedeutung. Das erste Energiegesetz lautet: «Energie folgt der Aufmerksamkeit.» Diesen Satz habe ich sowohl von chinesischen wie auch von hawaiianischen Lehrern gehört. Energiegesetze sind kosmische Gesetze und unabhängig von Glaubensmeinungen. Die Aufmerksamkeit ist entscheidend für die Qualität und die Richtung, in die Energie fließt. Es liegt an uns, an unserer Aufmerksamkeit, an unserem Fokus, welche Energien wir in unser Leben einladen.

Aufmerksamkeit ist eine Eigenschaft des Geistes, ist Kontrolle der Gedanken und Wünsche. Es ist der Fokus, auf den ich meine ganze Energie richte. Die Lenkung der Aufmerksamkeit ist auch ein Training für unser Unterbewußtsein, es ist die «Erziehung» unseres Unterbewußtseins. So, wie ich meine Gedanken und Gefühle gestalte, wie ich denke, was ich ausspreche, so werden die Aufmerksamkeit und der Fokus meines Unterbewußtseins geprägt.

Denke ich positiv, fühle ich positiv, so ziehe ich auch positive Aktionen in meinem Leben an. Es ist nicht nur eine Sache des Kopfes, positive Gedanken zu produzieren. Diese Gedanken müssen auch mit positiven Gefühlen, die im Bauch entstehen, verbunden werden, und, mit der Kraft des Willens umhüllt, werden sie abgeschickt.

Es wird viel über positives Denken geschrieben, aber ich habe bislang noch keine überzeugende Anleitung dazu finden können. Ähnliches gilt für den Gebrauch von Affirmationen. Positive Leitsätze bekommen erst Kraft, wenn Kopf, Gefühl und Wille übereinstimmen.

Aufmerksamkeit ist lenkbar

Ein zweites Energiegesetz lautet: «Was ich aussende, werde ich empfangen.» In der Praxis heißt das, daß ich das Objekt, auf das ich meine Aufmerksamkeit lenke, aktiviere und diese Energie wie ein Magnet anziehe. Die Aufmerksamkeit wirkt wie ein Brennglas, das alle Strahlen auf einen Punkt konzentriert. Ein anschauliches Beispiel hierzu ist das Lenken der Aufmerksamkeit auf einen verletzten Finger.

Nehmen wir an, Sie haben sich in den Finger geschnitten. Sie richten Ihre Aufmerksamkeit auf die Wunde am Finger. Zuerst betrachten Sie die Wunde mit den Augen und prägen sich das Bild des verletzten Fingers ein. Dann schließen Sie die Augen und stellen sich mit Ihrem geistigen Auge den verletzten Finger bildlich vor. Jetzt beginnen Sie, heilende Energie in den verletzten Finger zu senden. Dieser Prozeß wird noch verstärkt, wenn er durch die Herzensenergie unterstützt wird. Öffnen Sie Ihr Herz. Stellen Sie sich Ihr Herz als Rosenknospe vor, die sich öffnet. Sprechen Sie mit Ihrem verletzten Finger. Wünschen Sie sich intensiv, daß die Wunde sich schließt. Nehmen Sie Ihren Atem zu Hilfe, und senden Sie heilende Gedanken in den Finger. Während Sie sich immer besser in den Finger einfühlen, spüren Sie, wie er wärmer wird und das Blut an der verletzten Stelle pulsiert. Stellen Sie sich jetzt vor, wie die Wunde sich schließt und das Blut gestillt wird.

Die Energie lenken

Nachdem Sie die zwei Energiegesetze kennengelernt haben, möchte ich Ihnen jetzt fünf Energielenkungs-Übungen vorstellen, die ich von meinem Lehrer aus Kasachstan, Sary Auli, vermittelt bekam. Diese Energielenkungs-Übungen helfen uns dabei, unsere Energie im Körper besser fließen zu lassen.

Übung 1: Den Energiefluß zwischen den Händen spüren

Setzen oder legen Sie sich bequem hin.
Die Raumtemperatur sollte angenehm sein.
Sie können entspannende, ruhige Musik hören.
Richten Sie Ihre Aufmerksamkeit auf Ihre Hände.
Reiben Sie die Handflächen aneinander.
Lassen Sie einen Abstand von ein paar Zentimeter zwischen den beiden Handflächen entstehen.
Bewegen Sie die Handflächen langsam aufeinander zu, und spielen Sie damit, den Abstand zwischen den Handflächen zu vergrößern und zu verkleinern.
Richten Sie Ihre ganze Aufmerksamkeit und Wahrnehmung auf das Energiekissen, auf das Energiefeld, das jetzt zwischen Ihren Händen entsteht.
Wenn Sie die Übung beenden wollen, legen Sie beide Hände auf Ihr Herz und spüren die entspannende Wirkung.

Übung 2: Die Energie von Hand zu Hand lenken

Setzen Sie sich bequem auf einen Stuhl.
Der Rücken ist gerade.
Die Füße berühren den Boden.
Sie atmen ruhig und entspannt.
Sie gehen mit Ihrer ganzen Aufmerksamkeit in die linke Hand.

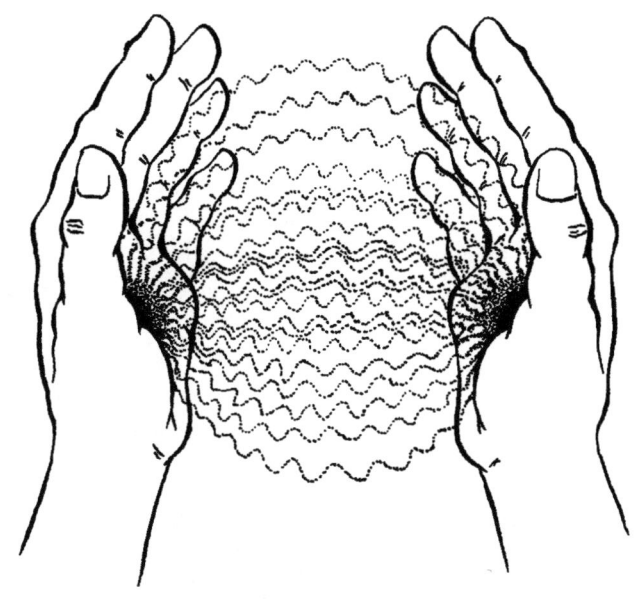

Abb. 4: Der Energiefluß zwischen den Handflächen

Sie können dieses Gefühl intensivieren, wenn Sie die Hand leicht
  öffnen und schließen.
Stellen Sie sich vor, wie Ihr Atem zur linken Hand geht.
Spüren Sie, wie Ihre linke Hand atmet.
Vielleicht bemerken Sie ein Kribbeln oder Wärme.
Wenn dieses Empfinden ganz stark ist, visualisieren Sie, wie die
  Energie von der linken Hand in die rechte Hand fließt.
Wiederholen Sie diesen Vorgang dreimal.
Dann richten Sie Ihre Aufmerksamkeit auf die rechte Hand, und
  aktivieren Sie Ihre rechte Hand wie oben beschrieben.

Übung 3: Die Energie von Fuß zu Fuß lenken

Wir beginnen, unsere Aufmerksamkeit auf den linken Fuß zu richten, und senden dann, wenn wir den Fuß genügend aufgeladen haben, die Energie in den rechten Fuß.
Wiederholen Sie diesen Vorgang dreimal.
Anschließend richten Sie Ihre Aufmerksamkeit auf den rechten Fuß und senden nach der Aufladung mit Energie diese in den linken Fuß. Wiederholen Sie diesen Vorgang dreimal.

Übung 4: Die Energie von der Hand zum Fuß lenken

Wir beginnen mit der linken Hand.
Wie oben besprochen, sammeln wir Energie in der linken Hand und leiten sie nun zum rechten Fuß.
Wiederholen Sie diesen Vorgang dreimal.
Dann sammeln wir Energie im rechten Fuß und senden sie in die linke Hand.
Wiederholen Sie diesen Vorgang dreimal.
Sie sammeln Energie in der rechten Hand und leiten sie zum linken Fuß.
Wiederholen Sie diesen Vorgang dreimal.
Sie sammeln Energie im linken Fuß und senden sie zur rechten Hand.
Wiederholen Sie diesen Vorgang dreimal.

Übung 5: Die Energie von oben nach unten lenken

Stellen Sie sich gerade hin, wenn möglich ohne Schuhe.
Achten Sie darauf, daß die Wirbelsäule gerade ist.

Die Arme liegen seitlich am Körper an.
Stellen Sie sich vor, daß Sie mit Ihren Händen nährende Energie aus
der Erde schöpfen.
Halten Sie Ihre Hände und Arme so, als ob Sie einen großen Gym-
nastikball hochheben würden.
Leiten Sie die Energie vor Ihrem Körper hoch zu Ihrem Kopf.
Bringen Sie den »Energieball« über Ihren Kopf.
Öffnen Sie Ihre Arme, und lassen Sie die Energie los.
Richten Sie nun Ihre Aufmerksamkeit auf Ihre Handflächen.
Nehmen Sie durch die Handflächen kosmische Energie auf, und lei-
ten Sie diese vor Ihrem Körper auf die Erde.

Die fünf Energieleitungs-Übungen sind eigentlich Energie-
spiele. Versuchen Sie dabei nie, Energie willentlich in eine
Richtung zu «pressen». Experimentieren Sie in einem Zustand leichten Gelöstseins ganz zwanglos mit diesen körperlichen Erfahrungen. Und haben Sie vor allem Geduld mit
sich selbst.

Die Vorstellungskraft einsetzen

Wie bei der Meditation die Gedanken an ein Mantra gebun-
den werden können, so ist es während der Energielenkungs-
Übung möglich, die Vorstellungskraft mit dem Atemvorgang
zu verbinden. Beim bewußten Einatmen nehmen Sie Energie
auf, beim bewußten Ausatmen geben Sie diese Energie dann
wieder ab.

Ebenso können Sie bei der Energielenkung mit der Vorstellung arbeiten, daß Sie Licht und die Farben des Regenbogens durch Ihren Körper senden. Dadurch erhält die Energielenkung eine zusätzliche Qualität.

Mit der Lichtbogen-Übung und der Farben-Atmung, die nun folgen, erhält die Energielenkung noch eine Bereicherung.

Übung 1: Der Lichtbogen

Legen Sie sich entspannt hin.
Die Beine sind leicht geöffnet.
Die Arme liegen neben dem Körper.
Der Atem geht ruhig und langsam.
Die Raumtemperatur ist angenehm.
Sie können entspannende Musik hören.
Gehen Sie mit Ihrer Aufmerksamkeit in die Fußsohlen.
Stellen Sie sich vor, daß sich Ihre Fußsohlen ganz weit öffnen.
Visualisieren Sie klares, strahlendes Licht, wenn es hilfreich ist, eine
*   strahlende Sonne.*
Spüren Sie, wie dieses Licht/Sonne durch die Fußsohlen in die Füße
*   eindringt, und langsam, im Zeitlupentempo, durch die Beine fließt*
*   und diese mit Wärme und Entspannung füllt.*
Dann fließt dieser Lichtstrom durch das Becken,
*   den Bauch,*
*   den Brustraum,*
*   den Hals,*
*   durch den Kopf.*
Wenn der Lichtstrom den Kopf erreicht hat, stellen Sie sich vor, daß
*   er die Form und die Farben eines Regenbogens annimmt. Kopf*
*   und Füße bilden das jeweilige Ende dieses Regenbogens (siehe*
*   Abb. 5).*
Lassen Sie den Lichtstrom noch zweimal durch Ihren Körper fließen.
Beenden Sie die Übung, indem Sie sich dehnen und strecken, einige
*   male tief atmen, die Augen öffnen, Ihre Umgebung bewußt wahr-*
*   nehmen. Setzen Sie sich langsam auf, bevor Sie aufstehen.*

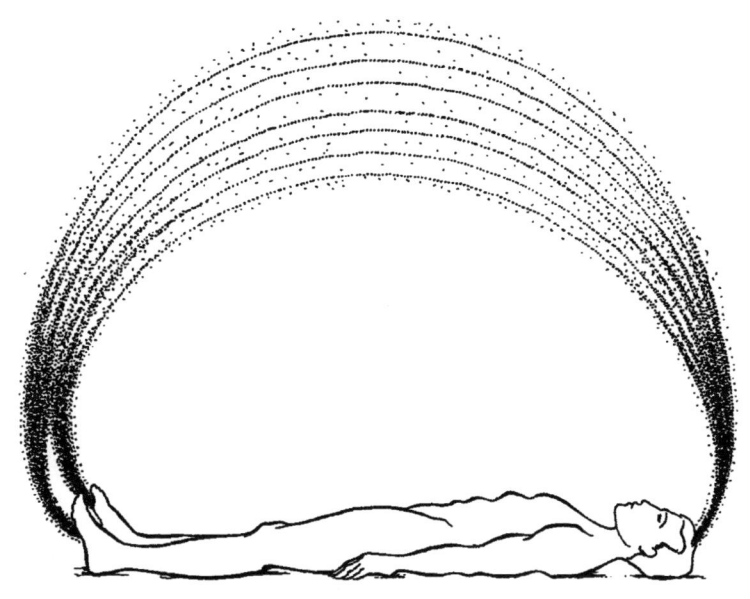

Abb. 5: Der Lichtbogen

Es kann sein, daß Sie wohlig entspannt während der Übung einschlafen – das ist völlig in Ordnung. Wenn Sie beginnen, Ihren Körper bewußt mit Energie zu versorgen, kommt es zu den unterschiedlichsten Reaktionen, die von einem vermehrten Schlafbedürfnis bis zu teilweise überschießenden Reaktionen reichen. Nach einer gewissen Zeit, die individuell verschieden ist, legen sich diese «Nebenwirkungen», und Sie spüren einen starken Energiezuwachs.

Übung 2: Die Farben-Atmung

Die Farben-Atmung erwirkt einen vermehrten Energie-zuwachs in der entsprechenden Körperzone, indem sie die einzelnen Chakras mit der ihnen zugeordneten Farbe stimuliert.

Anfangs wird es Ihnen vielleicht noch nicht so leichtfallen, eine Farbe zu visualisieren. Dies können Sie unterstützen, indem Sie eine klare Farbe betrachten, entweder in der Natur (z.B. eine rote Rose, eine Orange, eine Sonnenblume, frisches Gras etc.) oder sich aus ihrer Umgebung eine klare Farbe auswählen, betrachten und dann die Augen schließen.

Stellen Sie sich aufrecht hin.
Die Wirbelsäule ist gerade.
Die Beine stehen entspannt auf der Erde.
Stellen Sie sich vor, daß sich Ihr Drittes Auge, das zwischen den beiden Augenbrauen liegt, wie eine Satellitenschüssel weit öffnet.
Nehmen Sie durch das Dritte Auge strahlendes Licht und die Farben des Regenbogens in ihrer Reihenfolge von
Rot,
Orange,
Gelb,
Grün,
Blau,
Indigo,
Violett
auf. Während Sie einatmen, lassen Sie das Licht und die einzel-nen Farben langsam durch Ihren Körper fließen.

Wenn Sie das Gefühl haben, daß die Energie ganz durch den Körper geflossen ist, öffnen Sie bewußt Ihr Basis-Chakra und atmen die Energie wieder aus. Stellen Sie sich vor, daß die eingeatmete Energie heilende kosmische Energie ist.

Lassen Sie den Atem kommen und gehen.

Visualisieren Sie jetzt, wie sich Ihr Basis-Chakra öffnet, und nehmen Sie durch das Basis-Chakra nährende Energie aus der Erde auf.

Führen Sie diese nährende Energie durch Ihren Körper, und spüren Sie, wie jede Zelle Ihres Körpers von dieser nährenden Energie der Erde versorgt wird. Wenn Sie die Energieaufnahme beendet haben, atmen Sie durch das Dritte Auge wieder aus.

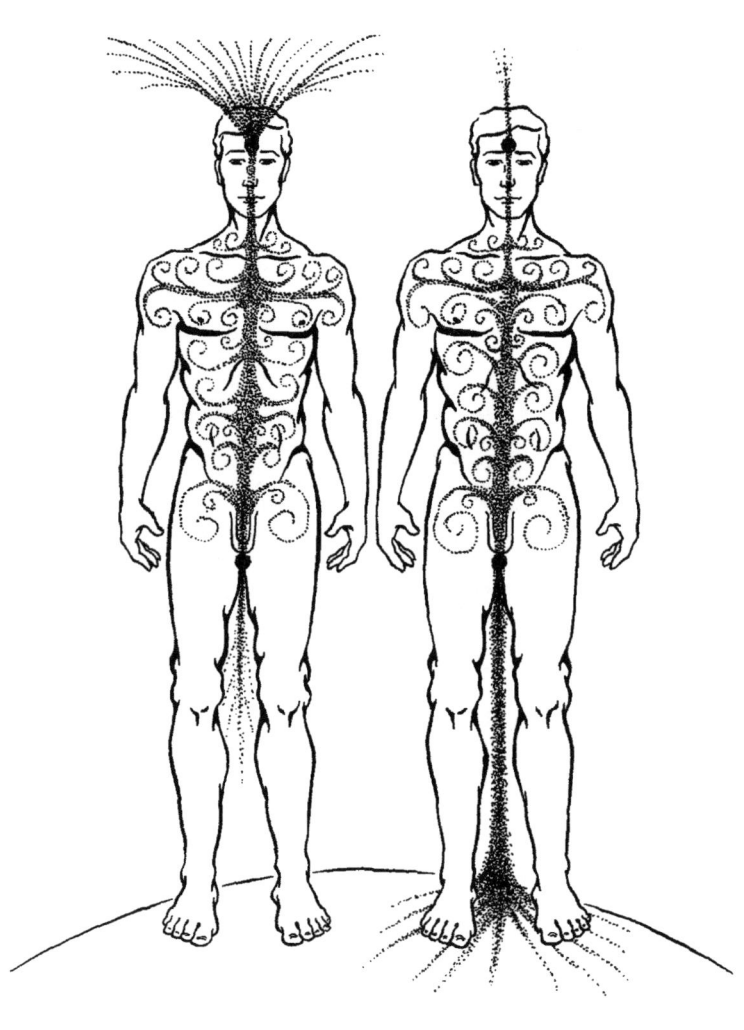

Abb. 6: Die Farben-Atmung

Die vorangegangenen Übungen haben uns dafür sensibilisiert, Energie mit Hilfe der Aufmerksamkeit, der Atmung und der Vorstellung von Licht und Farben im Körper zu lenken.

Energie ist etwas Lebendiges, Fließendes, sich im Austausch Ergänzendes. Deshalb sollten wir auch lernen, Energie von uns wegzugeben und auszusenden. Wir tun dies ständig, ohne uns darüber Gedanken zu machen. Mit der nachstehenden Übung können Sie Erfahrungen im Geben und Empfangen von Energie sammeln.

Das Prinzip von Geben und Nehmen ist ein kosmisches Energiegesetz. Deshalb finde ich es wichtig, auch wenn es paradox erscheinen mag, in diesem Kapitel, bei dem es darum geht, «Energie aufzunehmen», auch das «Abgeben von Energie» zu üben. Durch das «Aussenden und Empfangen von Energie» vertiefen wir unsere Erfahrungen in der Energielenkung und gehen über den Bereich des eigenen Körpers hinaus. Bitten Sie jemanden aus Ihrer Familie oder Freunde, sich für dieses Experiment zur Verfügung zu stellen.

Energie aussenden

Diese Übung wird von zwei Personen ausgeführt, einem «Sender» und einem «Empfänger».

Stellen Sie sich vor, sie wollen sich einen bestimmten Film im Fernsehen ansehen. Bevor Sie den Film sehen können, müssen erst ein paar technische Voraussetzungen erfüllt sein:

Es muß Strom fließen, der Fernsehapparat muß eingeschaltet sein, das richtige Programm muß aufgerufen sein, und die Uhrzeit muß mit der Sendezeit übereinstimmen. Dieser technische Vorgang der richtigen «Einstellung» kann auch auf die geistige Ebene übertragen werden. Ich finde es immer wieder spannend zu sehen, wie sehr sich geistige und naturwissenschaftliche Gesetzmäßigkeiten ähnlich sind. Sie entstammen derselben Quelle.

Übung:

Bei unserer Übung steht der «Empfänger» entspannt dem »Sender« gegenüber, anfangs mit ca. einem halben Meter Abstand. Mit etwas Übung kann die Distanz vergrößert werden und mehrere Meter betragen.

Beide stellen sich aufeinander ein, richten ihre Aufmerksamkeit aufeinander.

Der «Empfänger» hebt seine linke Hand und öffnet seine Handfläche. Das Bild einer großen Schale oder Satelitenschüssel kann hilfreich sein. Je größer, je besser. Der «Empfänger» stellt sich mental ganz auf «Empfang» ein und verdrängt jeden anderen Gedanken.

Der «Sender» richtet nun seine ganze Aufmerksamkeit auf die Handfläche des «Empfängers». Der «Sender» bildet aus der rechten Hand einen Pfeil, in dem er Zeigefinger und Mittelfinger ausstreckt, Ringfinger und kleiner Finger werden im Handteller vom Daumen bedeckt. Der «Sender» pflegt die Vorstellung, daß durch diesen «Pfeil» Energie in den Handteller des «Empfängers» gesendet wird. Nach einer gewissen Zeit spürt der «Empfänger» ein Prickeln oder Wärme in seinem Handteller.

Wechseln Sie die Rollen von «Sender» und «Empfänger».

Diese Übung habe ich bei dem Qi-Gong-Großmeister Zhi Chang Li gelernt.

Man sollte bei den Übungen spielerisch vorgehen, wie auf einer Forschungsreise, die Spaß macht. Ein offenes Herz erleichtert das Fließen von Energie, und fröhliche Gedanken reisen schneller als ernste, schwermütige Gefühle. Außerdem spielt das Befinden der jeweiligen Person eine große Rolle. Nach einem anstrengenden Arbeitstag ist Ihr Energiepotential natürlich kleiner als nach einem schönen Urlaubstag am Strand. Andererseits werden Sie nach etwas Erfahrung mit der Visualisations-Technik in der Lage sein, sich z.B. eine «Strandatmosphäre» vorzustellen und sich in diese Energie einzuschwingen. Es gelingt erstaunlich schnell, sich auf diese Weise zu regenerieren.

Ich konnte das zunächst auch nicht glauben, als ich bei meinem Qi-Gong-Training mit dieser Idee konfrontiert wurde. Aber es gelingt wirklich gut, man kann sich jederzeit, an jedem Ort und zu jeder Gelegenheit an positive, aufbauende Energie erinnern und diese in die momentane Situation einfließen lassen.

Die Gedanken (und die Vorstellungen) sind frei, und es liegt an uns, wie weit oder eng wir unsere Grenzen setzen. Es gibt tatsächlich keine Grenzen, wir selbst setzen sie uns. Energie ist immer verfügbar, egal wo wir uns befinden. Die Ausrede, es gäbe nicht genügend Zeit, gilt hier nicht. Ich war auch lange Zeit in dieser Vorstellung gefangen, bis ich eines Tages merkte, wie einfach es ist, mehr Energie in mein Leben zu bringen.

Ersetzen Sie einfach das Wort «Übung» durch zwangloses «Ausprobieren», «Erforschen», «Freude erleben», «Gewahrwerden», und schon bekommt das ganze eine völlig andere Qualität!

So können Sie z.B. beim Kartoffelschälen erforschen, wie es sich anfühlt, wenn die Energie von der linken in die rechte Hand fließt oder von der linken Hand in den rechten Fuß. Beim Rolltreppen- oder Aufzugfahren spüren Sie, wie die Energie beim Hochfahren von den Füßen zum Kopf fließt und beim Abwärtsfahren vom Kopf in die Füße. In der U-Bahn können Sie einer anderen Person Energie schicken, und Sie werden merken, daß diese Person die Zeitungslektüre unterbricht und in Ihre Richtung schaut. Lächeln Sie einfach zurück!

Gehen Sie kreativ mit Ihrer Zeit um. Sie ist das Kostbarste, über das Sie verfügen. Sie brauchen sich nicht zu kasteien, langjährige Kurse zu besuchen, oder in die Einsiedelei zu gehen, um Energiemeister zu werden. Sie haben jeden Augenblick die Gelegenheit, mit Energie zu experimentieren, selbst im größten Großstadtgewühl. Natürlich ziehe ich einen Ort in der Natur für solche Übungen vor, aber gerade in der Großstadt, im dicksten Smog, müssen sich unsere Übungen bewähren. Das ist unsere Herausforderung.

Wenn wir gelernt haben, unsere eigene Energie zu lenken, können wir als nächstes beginnen, mit den verschiedenen Energiereichen in Verbindung zu treten. Diese sind auf der physischen Ebene das Mineralreich, das Pflanzenreich, das Tierreich, und auf der geistigen Ebene die Gestirne des Himmels, das Reich der Engel, der geistigen Führer sowie die Weiße Bruderschaft.

Die Verbindung mit allen Ebenen des Seins

Die Schöpfung besteht aus vielen Ebenen, die miteinander verbunden sind und ineinandergreifen. So, wie der physische Körper des Menschen mit seinen verschiedenen Energiekörpern umgeben ist (emotionaler, mentaler, spiritueller Körper), findet auch zwischen den verschiedenen Naturreichen ein energetischer Austausch statt.

Das Mineralreich

Die erste Ebene, die die verdichtetste Materie darstellt, ist das Mineralreich. Dort finden wir vor allem die Edelsteine mit ihren vielfältigen Formen und Farben. Sicher haben Sie schon bemerkt, daß Sie für diesen oder jenen Edelstein eine besondere Vorliebe haben. Es kann ein einzelner Stein sein, oder Sie bevorzugen eine besondere Art von Edelsteinen. Jede Gruppe von Edelsteinen hat einen ganz besonderen Charakter, eine Eigenschaft, eine Schwingung. Durch die besondere Vorliebe, die Sie für einen Edelstein haben, stellen Sie schon eine gewisse Energieverbindung her. Die Heilenergie, die von dem Edelstein ausgeht und die Sie spüren, ist die Antwort auf Ihre energetische Verbindung, auf Ihre Aufmerksamkeit, die Sie diesem Stein zuwenden. Diese Wirkung können Sie verstärken, wenn Sie bewußt den Kontakt mit einem Edelstein herstellen, mit ihm in Verbindung treten.

Mit der nachfolgenden Übung erfahren Sie, wie Sie die Kraft und Energie von Edelsteinen für Ihre Gesundheit und geistige Entwicklung nutzbar machen können. Die Kraft der Steine stimulieren in unserem Körper die kristallinen Strukturen, die in Resonanz mit dem Mineralreich stehen. Edelsteine üben seit Jahrtausenden eine große Anziehung auf die Menschheit aus. Den edlen Steinen wird eine große magische Kraft zugeschrieben, die fördernd oder hemmend das Schicksal des einzelnen beeinflussen können.

Übung: Sich mit der Energie von Edelsteinen verbinden

Legen Sie den von Ihnen ausgewählten Edelstein vor sich auf einen Tisch, oder nehmen Sie ihn in die Hand.

Atmen Sie ruhig und entspannt.

Öffnen Sie Ihr Herz, und senden Sie liebevolle Energie zu dem betreffenden Edelstein.

Bitten Sie den Edelstein um heilende Energie. Stellen Sie sich vor, wie diese Energie als Strahl oder Welle zu Ihnen zurückfließt.

Wenn Sie mit dieser Technik vertraut sind, können Sie versuchen, mit dem Edelstein in ein «Gespräch» zu kommen.

Sie können Fragen stellen, um etwas bitten.

Nachdem Sie den Energieaustausch beendet haben, bedanken Sie sich, und gehen Sie mit Ihrer Aufmerksamkeit wieder in Ihren Körper zurück.

Das Pflanzenreich

Jede Pflanze, jedes Gras und jeder Baum hat eine eigene, besondere Schwingung. Es gibt Pflanzen und Bäume, die eine besondere Heilkraft haben, es gibt Pflanzen und Bäume, die eine Schutzwirkung haben, und andere wiederum heilen durch den Duft, den sie verschenken. Durch die segensreichen Forschungsarbeiten der verschiedenen Blüten-Essenzen-Arbeitskreise in aller Welt hat eine breite Öffentlichkeit von der Vielfalt der Wirkungsweisen von Pflanzenschwingungen erfahren. In meiner Naturheilpraxis arbeite ich schon seit vielen Jahren mit den Schwingungen der Pflanzen. Ich habe mit Freundinnen zusammen wunderbare Erfahrungen bei der Herstellung von Blütenessenzen machen dürfen. Wie die Menschen in Findhorn haben auch wir erfahren, wie segensreich die Verbindung und Kommunikation mit den Pflanzendevas ist. Wenn Sie sich von einer Blume oder einem Baum besonders angesprochen fühlen, nehmen Sie sich ein bißchen Zeit, und stellen Sie eine Verbindung zu ihnen her.

Übung: Energieaustausch mit Blumen

Stellen oder setzen Sie sich vor eine Blume, die Sie besonders anspricht.

Gehen Sie mit Ihrer Aufmerksamkeit in die rechte Hand.

Senden Sie Energie in die Richtung, in der sich die Blume befindet.

Lassen Sie Ihre Energie im Halbkreis um die Blume fließen, und spüren Ihre Energie wieder in der linken Hand.

Öffnen Sie Ihr Herz, und beginnen Sie einen Energieaustausch.

Fühlen Sie, in welchem Bereich Ihres Körpers eine Veränderung eintritt.

Bedanken Sie sich für den Energieaustausch.

Beenden Sie den Energiefluß, indem Sie sich Ihres Körpers bewußt werden.

Die Kommunikation mit dem Tierreich

Wenn Sie ein Haustier haben, wird Ihnen diese Art der Kommunikation bekannt sein. Besonders Haustiere haben im Laufe der Evolution eine Verbindung mit den Menschen entwikkelt, die eine freundschaftliche Zuneigung zuläßt. Bei Menschen, die am Rande der sogenannten Zivilisation leben, hat sich ein viel intensiverer Kontakt zum Tierreich entwickeln können. Wir wissen z.B. von den Indianern um den Wert und die Kraft, die Schutztiere vermitteln. Vielleicht mag es für einen Großstadtmenschen lächerlich erscheinen, sich ein Schutztier auszusuchen, aber ich finde es eine große Bereicherung des eigenen Horizonts, wenn man sich auf diese Erfahrung einläßt.

Der Kontakt mit einem Tier wird durch den Wunsch der Energieverbindung und der Öffnung des Herzens hergestellt.

Tiere reagieren sofort, wenn man sich Ihnen zuwendet. Selbst Insekten reagieren auf die Energie, die wir abgeben. Es gibt viele Berichte über die telepathische Kommunikation mit Tieren, und es ist gerade in einer Zeit der Mißachtung dieses Naturreiches wichtig und heilsam für die Erde, wenn wir als Menschen mit dieser Ebene in einen versöhnlichen Dialog treten.

Kosmische Quellen

Tagsüber ist es die Sonne, die uns unmittelbar Energie vermittelt und die wir als Wärme spüren, die unsere Energie steigen oder sinken läßt, wenn sie sich zeigt oder hinter Wolken und Nebel verschwindet. Nachts bewegt der Mond unser Gemüt und beeinflußt unsere «Grundstimmung», je nachdem ob er ab- oder zunimmt. Viele Menschen beschäftigen sich mit Mondzyklen, und es gibt gute Literatur darüber, wie die Mondkräfte unsere Lebensqualität beeinflussen. Ebenso üben die Planeten ihre Wirkung auf unser Dasein aus, und wer sich mit Astrologie beschäftigt, kennt die Einflüsse, die bestimmte Planetenkonstellationen auf unser Leben haben. Wenn wir mit diesen kosmischen Quellen bewußten Umgang pflegen, sind wir nicht mehr so sehr den verschiedensten emotionalen Unpäßlichkeiten und Schwankungen ausgeliefert. Aus der Astrologie sind uns von allen Hauptplaneten die Schwingungsqualität und die spezielle Energie, die sie verkörpern, bekannt. So ist der Mond sehr mit unseren Gefühlen verbunden, die Sonne mit Kraft und Stärke, die Venus mit Liebe und Heilung usw. Die Qualitäten der verschiedenen Himmelsplaneten können wir für uns nutzen, indem wir für uns diesen Energien öffnen und sie bewußt wahrnehmen.

Das Reich der Engel

Mit dem Reich der Engel in Verbindung zu treten ist die wahre Freude. Sie findet auf der Herzensebene statt und bringt uns in Schwingungsfelder, die heilen und uns transformieren helfen. Die Verbindung mit dem Reich der Engel findet durch Anrufung statt.

Übung: Die Anrufung der Engel

Atmen Sie tief und entspannt.
Beruhigen Sie Ihre Gedanken und Gefühle.
Gehen Sie mit Ihrer Aufmerksamkeit in Ihr Herz.
Öffnen Sie Ihr Herz.
Bitten Sie die Engel, mit Ihnen in Verbindung zu treten.
Äußern Sie Ihr Anliegen, und gehen Sie mit Ihrer Aufmerksamkeit in Ihr Herz.
Spüren Sie dort die Präsenz der Engel.
Erleben Sie bewußt die Kraft, die Sie jetzt umgibt.
Wenn Sie die Verbindung beenden wollen, bedanken Sie sich und gehen mit der Aufmerksamkeit zurück in Ihren Körper.

Die geistige Hierarchie

In der geistigen Hierarchie sind Wesenheiten, die einen hohen Bewußtseinszustand erreicht haben. Es sind aufgestiegene Meister, die in verschiedenen Inkarnationen auf Erden gelebt haben und nun in der geistigen Welt wirken. Sie fokussieren bestimmte Energiequalitäten, die sie der Menschheit als Hilfe im Entwicklungsprozeß zur Verfügung stellen.

Es ist eine Gnade, wenn wir mit diesen hochentwickelten Seelen bewußt in Verbindung kommen. In der Weißen Bruderschaft, wie die geistige Hierarchie manchmal genannt wird, wirken Weltenlehrer wie Buddha, Christus, Krishna, Heilige, Engel und Erzengel, und auch Wesenheiten, die bisher auf dieser Erde noch nicht inkarniert waren, zusammen. Sie alle arbeiten auf der Ebene von Liebe und Licht und sind bemüht, jedem einzelnen zu helfen, aber auch Gruppen von Gleichgesinnten zu inspirieren und zu leiten. Die Weiße Bruderschaft steht mit jedem Menschen in Verbindung, vielen ist jedoch diese Verbindung nicht bewußt.

In dem Buch *Esoterisches Heilen* von Alice A. Bailey steht in der Verlautbarung einer dieser höheren Wesenheiten, die die Autorin den «Tibeter» nennt:

Ich lebe – wie jeder andere Mensch – in einem physischen Körper, und zwar an den Grenzen von Tibet. Zeitweilig (vom Standpunkt des Esoterikers) bin ich das Oberhaupt einer großen Gruppe tibetanischer Lamas, soweit meine anderen Pflichten dies erlauben. Dieser Umstand hat das Gerücht verursacht, ich sei der Abt eines besonderen Lamaklosters. Diejenigen, die mit mir in der Hierarchie wirken (und alle wahren Jünger sind an diesem Werk beteiligt), kennen mich unter einem anderen Namen und in einem anderen Amt. A.A.B. weiß, wer ich bin, und kennt zwei meiner Namen. Ich bin euer Bruder, der ein wenig länger auf dem Pfad gewandelt ist als der Durchschnitt; und deshalb trage ich auch eine größere Verantwortung. Ich bin einer von denen, die um den Weg zu einer höheren Erleuchtung gerungen haben, und ich habe härter darum gekämpft als der Aspirant, der diese Sätze liest. Ich muß daher als Mittler des Lichts wirken, wieviel Mühen auch damit verbunden sein mögen...

Damit habe ich manches gesagt, jedoch nichts, was dazu verführen könnte, mir jenen blinden Gehorsam und jene törichte Ergebenheit entgegenzubringen, mit welcher der nur von seinen Empfindungen getragene Schüler dem Guru und Meister anhängt, ohne indes fähig zu sein, mit ihm in Kontakt zu kommen. Den ersehnten Kontakt wird er nicht eher erreichen, als bis er nicht seine schwärmerische Ergebenheit in selbstlosen Dienst an der Menschheit, und nicht für den Meister umgewandelt hat.

Um eine bewußte Verbindung herzustellen, müssen wir den Herzenswunsch erschaffen, ein reiner Kanal für diese Energie zu sein. Energieverbindungen aus dem Bereich der Geistigen Bruderschaft können die verschiedensten Formen annehmen: Es ist die innere Stimme, die in der Meditation spricht; es ist die Fähigkeit, Heilenergie zu übertragen oder in einem Gespräch eine wirklich treffende Aussage zu machen. Die Antworten werden oft auf sehr subtile Weise gegeben: Ein Buch fällt einem zufällig in die Hände oder in einem Vortrag wird etwa ein bestimmter Hinweis gegeben. Immer erfordert es ein genaues Hinhören auf die innere Stimme, um die Antwort zu erkennen.

Als ich meine «Lehrzeit» als Heilerin begann, hörte ich über Monate in der Meditation die Aufforderung, zu einem bekannten Heiler auf den Philippinen zu gehen. Anfangs ignorierte ich diesen Ruf, aber er wurde so stark, daß er mir den Schlaf raubte. Von meiner finanziellen Situation her war es unmöglich, kurz nach Eröffnung meiner Naturheilpraxis für längere Zeit zu verreisen. Ich war froh, mit meinen Einnahmen gerade so zurechtzukommen. In meiner Not konsultierte ich eine spirituelle Lehrerin. Sie gab mir den Rat, in die geistige Führung zu vertrauen und einen längeren Aufenthalt vorzubereiten. Innerhalb kurzer Zeit bot mir eine Freundin einen großzügigen Betrag an, damit ich diese Reise, die sich zu meiner Initiationsreise gestaltete, durchführen konnte. Dieses Vertrauen in die geistige Führung hat sich immer wieder bestätigt.

Während meines Aufenthalts bei den philippinischen Heilern wurde mir durch eine mystische Erfahrung meine Verbindung zur Weißen Bruderschaft bewußtgemacht.

Die Prozesse waren manchmal hart, da mein Verstand sich weigerte, bestimmte Ereignisse zu akzeptieren. War ich doch täglich mit Wundern konfrontiert, die mein schulmedizinisch geprägter Verstand so einfach nicht hinnehmen wollte. Als Hebamme war ich geschult, präzise und nicht emotional zu denken und zu handeln. Und nun wurde ich mit Spontanheilungen konfrontiert, die logisch nicht erklärt werden konnten. In dieser geistigen Not rief ich aus ganzem Herzen um Hilfe und erhielt sie auch. Meine Zweifel wurden geheilt, und durch die Weiße Bruderschaft erhielt ich die Lehrer, die für mich am kompetentesten waren.

Das bewußte Wahrnehmen von Energiequellen innerhalb und außerhalb des Körpers war das zentrale Thema des 2. Kapitels. Es kommt nun darauf an, diese Ressourcen weiter zu erschließen. Führen Sie die Übungen, insbesondere die zur Energielenkung im Körper und die Übungen zur Kontaktaufnahme mit den Naturreichen und den kosmischen Reichen, unabhängig von den »Tibeter«-Übungen durch.

Bevor Sie jetzt mit der zweiten »Tibeter«-Übung beginnen, sollten Sie sich entscheiden, mit welcher Energieform Sie in Verbindung treten möchten. Formulieren Sie z.b. klar und deutlich: «Ich wünsche Kontakt mit dem Blumenreich.» Wenn Sie einatmen, visualisieren Sie, wie die Kraft dieser Energie-Ebene mit jedem Atemzug in Ihr Energiefeld einfließt.

Nach dieser »Tibeter«-Übung konzentrieren Sie sich wieder ganz auf Ihre eigene Mitte, bevor Sie mit der nächsten Übung beginnen.

3

Durchlässig werden und fließen lassen

Abb. 7: Der Dritte »Tibeter«

In der dritten »Tibeter«-Übung wird besonders die Wirbelsäule angesprochen. Die Wirbelsäule ist ein ganz spezielles «Organ», einerseits sehr stabil durch die knöchernen Wirbelkörper, andererseits sehr sensibel, umhüllt sie doch alle wichtigen Nervenverbindungen und ernährt Nerven und Gehirn mit zerebrospinaler Flüssigkeit. Durch ihre Stabilität verleiht sie dem Menschen die Möglichkeit, aufrecht zu stehen. Sie ist unsere Achse zwischen Himmel und Erde.

Diese beiden Pole, Himmel und Erde, sind ein enormes Kräftefeld, aus dem wir Energien für unsere Heilung und unsere spirituelle Entwicklung schöpfen können. Wir müssen sie uns nur bewußtmachen.

Die Haltung, die Sie bei der dritten »Tibeter«-Übung einnehmen, stimuliert Sondermeridiane, die an der Vorderseite des Körpers und entlang der Wirbelsäule verlaufen. Es sind dies die zwei Hauptkanäle unter den Meridianen, die mit der Energie der Chakras gefüllt werden. In dieser Übung aktivieren wir den Energiefluß durch den inneren Kreislauf. Wir lernen, unsere Mitte zu finden und die Verbindungspunkte für den Austausch von Erd- und Himmelsenergie. Wenn unser Körper durchlässiger wird, sind wir frei für den kosmischen Kreislauf, die «Hochzeit von Himmel und Erde».

Betrachten Sie die verschiedenen Übungen in diesem Kapitel als Anregungen zum dritten »Tibeter«-Ritual, die es Ihnen ermöglichen, Ihr Energiefeld vertikal auszudehnen. Durchlässig zu sein bedeutet, transparent zu werden für kosmische und irdische Schwingungen. Viele Menschen, die auf dem geistigen Wege sind, glauben, daß es unnötig ist, sich mit der Erde, dem Erdelement in uns, zu beschäftigen, und wundern sich, wenn sie auf dem Weg zur «Erleuchtung» immer wieder stolpern und Rückschläge erleben.

Wir haben uns als unsterbliche Seelen diesen Planeten als Schulungszentrum ausgesucht. Wir müssen hier unsere Wurzeln finden und uns dazu bekennen, daß heißt, wir müssen die Erde in uns finden.

«Dein Körper ist dein Tempel und die Heimat deiner Seele», sagt eine alte Weisheit. Jeder Mensch weiß, daß für ein stabiles Haus ein gutes Fundament notwendig ist. Genauso ist es auch bei der spirituellen Entwicklung. Ist die Basis gesund, d.h. die «Erdung» stabil, so kann man sich sicher in «höhere Bereiche» wagen, ohne auszuflippen oder krank zu werden. Diese Einsicht verdanken wir insbesondere der chinesischen Philosophie, die großen Wert auf die körperliche Fitneß legt, bevor sie sich der geistigen Entwicklung zuwendet. So haben z.B. die Mönche des bekannten Shaolin-Klosters in China die körperliche Fitneß den geistigen Übungen gleichgestellt. Von den Römern stammt der bekannte Satz, wonach ein gesunder Geist in einem gesunden Körper wohnt.

Die chinesische Energiearbeit kennt drei Energiezentren, die sich im Körper des Menschen auf drei verschiedenen Ebenen befinden:

Das obere Dantien
das mittlere Dantien
das untere Dantien

Bei den Druiden entspricht dies der Himmelsebene, der Menschenebene und der Erdebene, der Zukunft, der Gegenwart und der Vergangenheit, oder anders gesagt dem mentalen, dem intuitiven und dem instinktiven Zentrum im Körper. Wie die Chakras sind diese Kraftzentren durch die Mittelachse des Körpers miteinander verbunden. Zwischen diesen drei Ebenen zirkuliert Energie. In der alchemistischen

Energiearbeit beginnen wir, zuerst das untere Dantien mit Energie aufzuladen. Ist dieses Energiezentrum gefüllt, so steigt die Energie weiter hoch zum mittleren und oberen Dantien.

Den Grundsatz, ein gut gefülltes unteres Dantien zu haben, finden wir in der Akupunktur, im Tai Chi, Qi Gong, und ganz besonders ausgeprägt in den Kampfkünsten. Ich selbst praktiziere Qi Gong und Aikido und kenne die Schwierigkeit, den eigenen Schwerpunkt, das eigene Zentrum, zu finden und zu halten.

Die nachfolgende Übung soll Ihnen helfen, Ihr persönliches Erdzentrum zu finden.

Das Erdzentrum finden

Übung:

Stellen Sie sich entspannt hin.
Die Stellung der Beine entspricht Ihrer Schulterbreite.
Die Füße berühren den Boden.
Die Knie sind leicht gebeugt.
Die Wirbelsäule ist gerade.
Die Schultern sind entspannt.
Das Kiefergelenk ist locker.
Die Augen sind geschlossen.
Sie atmen ruhig und tief.
Beobachten Sie Ihren Atem, und spüren Sie, wie es Ihnen immer leichter gelingt, in den Bauch und das Becken zu atmen.
Schwingen Sie nun leicht mit dem Becken hin und her, von einer Seite zur anderen.

Die Schwingung sollte ganz leicht und sanft sein.

Stellen Sie sich vor, daß durch Ihren Körper eine Schnur mit einem Pendel geht, das nun mit jeder Körperbewegung mitschwingt.

Bewegen Sie dieses Pendel in Ihrem Beckenraum so lange hin und her, bis Sie das Gefühl haben, den Platz gefunden zu haben, der sich für Sie angenehm anfühlt.

Zur Unterstützung des Fühlens können Sie die Hände auf den Unterbauch legen.

Das Erdzentrum (unteres Dantien) liegt in der unteren Hälfte des Bauches, etwa eine Handbreite unterhalb des Nabels.

Gehen Sie nun mit Ihrer Aufmerksamkeit zu dem von Ihnen gefundenen Punkt. Lenken Sie Ihren Atem dorthin.

Es kann sein, daß sich ein Gefühl der Wärme oder ein angenehmes Prickeln einstellt.

Bleiben Sie einige Minuten mit Ihrer Aufmerksamkeit dort. Wenn Sie den Erdpunkt einmal gefunden haben, wird es mit jedem Aktivieren dieses Punktes leichter für Sie werden, ihn wiederzufinden und zu nähren.

So können Sie jeden Abend vor dem Einschlafen diesen Punkt mit Ihrer Aufmerksamkeit und mit Ihrem Atem stärken.

Das Erdzentrum oder der Erdpunkt ist die Stelle in Ihrem Körper, der Ihnen Stabilität und Verankerung in Ihrer aufrechten Haltung gibt. Es ist der Punkt, an dem sich Ihre Energiereserven konzentrieren und der Sie stabilisiert. Wenn jemand «in sich ruht» bedeutet das, daß er im unteren Dantien gefestigt ist und von dort aus handelt.

Nachdem wir unseren Stabilisationspunkt entdeckt haben, sind wir bereit, die Verbindungskanäle nach unten und oben zu öffnen.

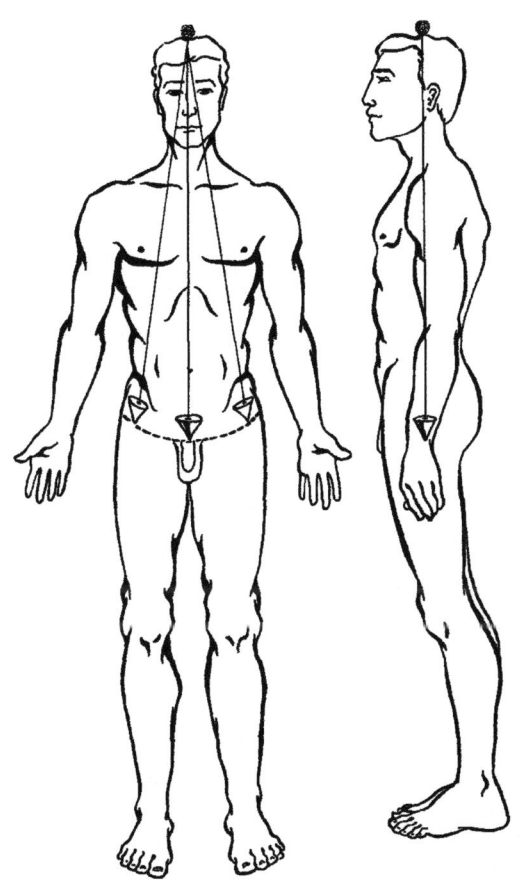

Abb. 8: Das Erdzentrum finden

Die Kanäle öffnen

Bevor wir mit den beiden großen Energiefeldern Himmel und Erde in Austausch treten, wollen wir erst unser eigenes Energiepotential aktivieren. Wie wir aus alten Lehren wissen, stellt der Körper einen Mikrokosmos dar. Durch das bewußte Wahrnehmen des Erd- und des Himmelszentrums in unserem Körper bereiten wir Bahnen vor, auf denen unsere Energie fließen kann. Diese Übungen sind nicht nur im Yogasystem und in der chinesischen Tradition bekannt, sondern wurden auch in den ägyptischen und druidischen Mysterienschulen unterrichtet.

Um durchlässig zu werden und ein Gefühl für das Fließen der eigenen Energie zu bekommen, hat sich die Übung «Der innere Kreislauf», der aus der chinesischen Tradition kommt, als besonders geeignet erwiesen. Der «innere Kreislauf» ist seit Jahrtausenden eine Basisübung für alle Tai-Chi-, Qi-Gong- und Kung-Fu-Übenden.

Er wird in allen Schulen vermittelt, die sich mit Energiearbeit beschäftigen. So gibt es viele Variationen, wie er ausgeführt werden kann. Der «innere Kreislauf» beschreibt einen Energiebogen, der über die Vorder- und Rückseite des Körpers fließt. Er folgt dem Fluß der zwei großen Sondermeridiane, dem Konzeptions- und dem Lenkergefäß. Meridiane sind Energieleitbahnen, die alle Organe des Körpers mit Lebensenergie versorgen. Der «innere Kreislauf» ist von allen Energieübungen, die ich kenne, der Juwel. Er spricht sowohl die Sondermeridiane wie auch die Chakra-Punkte auf der Vorder- und Rückseite des Körpers und den inneren Energiekanal an.

Übung 1: Der innere Kreislauf

Bevor Sie mit der Übung beginnen, bringen Sie Ihren Körper in einen ruhigen Zustand.

Setzen Sie sich bequem hin.

Ihre Füße berühren den Boden.

Ihre Beine sind entspannt.

Die Muskeln ihres Gesäßes lockern sich.

Die Wirbelsäule ist gerade.

Bauch- und Brustraum werden weich.

Die Schultermuskeln lassen an Spannung nach.

Der Kopf ist gerade.

Kiefer und Mund entspannen sich.

Die Augen sind geschlossen.

Atmen Sie ruhig und langsam in Ihren Bauch.

Spüren Sie, wie Sie mit jedem Atemzug ruhiger und entspannter werden.

Mit jedem Einatmen atmen sie Ruhe und Entspannung ein, mit jedem Ausatmen geben Sie die Spannung und Aufregung des Tages ab.

Sie spüren, wie Ihr Atmen die Stille in Ihrem Körper erreicht, an dem sich das untere Dantien befindet.

Gehen Sie nun mit Ihrer ganzen Aufmerksamkeit, aber mit Sanftheit im Herzen zu Ihrem unteren Dantien.

Spüren Sie, wie sich Ihr unteres Dantien weitet und größer wird und wie sich an diesem Punkt Energie sammelt.

Gehen Sie nun mit Ihrer Aufmerksamkeit zum Dammpunkt, der sich zwischen dem Anus und den Geschlechtsteilen befindet.

Bleiben Sie einen kurzen Moment mit Ihrer Aufmerksamkeit dort.

Gehen Sie weiter zum Steißbeinpunkt, der am Ende der Wirbelsäule ist.

Der nächste Punkt, den wir betrachten und mit Energie füllen, wird in der chinesischen Tradition «Tor des Lebens» genannt.

Er befindet sich direkt gegenüber dem Nabel.

In der Mitte der Brustwirbelsäule, gegenüber dem Herzen, finden Sie den Herzpunkt, zu dem unsere Aufmerksamkeit nun fließt.

Der erste Brustwirbel ist der nächste Punkt, den wir mit unserer Aufmerksamkeit erreichen.

Das «Jadekissen» ist ein handtellergroßer Bereich am Hinterhaupt, vom ersten Halswirbel bis zur Mitte des Hinterhauptes reichend, dem wir unsere Aufmerksamkeit schenken.

Am Scheitelpunkt, der höchsten Stelle am Kopf, ist die nächste Station unserer Energiereise.

Das obere Dantien liegt zwischen den beiden Augenbrauen und wird nun mit Energie belebt.

Wir gehen mit unserer Aufmerksamkeit weiter zur Halsgrube, die in der Mitte zwischen den beiden Schlüsselbeinen am Übergang zwischen Hals und Brust liegt.

In der Mitte der Brust, in Höhe des Herzens, liegt das mittlere Dantien, zu dem wir nun unsere Aufmerksamkeit lenken.

Den Schluß unserer Energiereise bildet der Solarplexus, der sich am Ende des Brustbeines befindet.

Um den Kreis zu vollenden, gehen wir nochmals in das untere Dantien und verweilen dort einen Augenblick, um dann mit einem neuen Zyklus zu beginnen.

Wiederholen Sie diesen Energiekreis einige Male, so lange, wie Sie achtsam sein können und sich wohl fühlen. Sie können diesen Energiekreis jederzeit im Laufe des Tages wiederholen, z.B. im Bus, in der U-Bahn oder wenn Sie irgendwo warten müssen. Beginnen Sie immer im unteren Dantien, und schließen Sie immer im unteren Dantien ab.

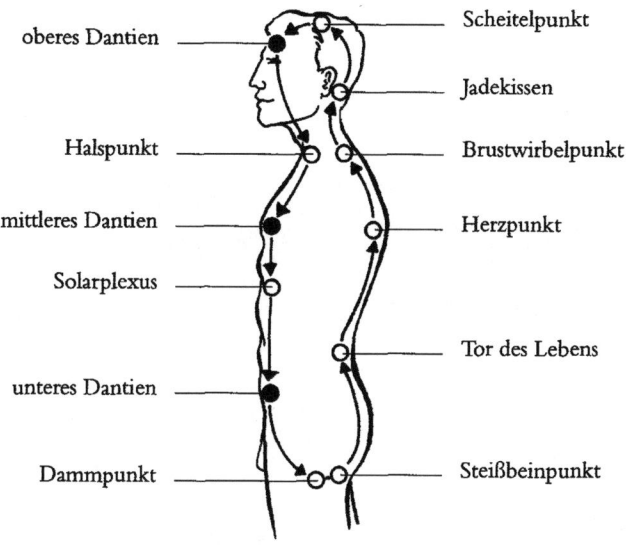

oberes Dantien	Scheitelpunkt
Halspunkt	Jadekissen
mittleres Dantien	Brustwirbelpunkt
Solarplexus	Herzpunkt
unteres Dantien	Tor des Lebens
Dammpunkt	Steißbeinpunkt

Abb. 9: Der innere Kreislauf

Wenn Sie krank oder bettlägrig sind, können Sie diese Übung auch im Liegen machen. Sie wird Sie stärken und den Heilungsprozeß schneller voranbringen.

Üben Sie den «inneren Kreislauf», wann immer Sie können, denn dadurch lernen Sie, Ihre eigene Energie besser zu spüren und zu lenken. Die Beherrschung des «inneren Kreislaufs» ist die Voraussetzung für die Ausdehnung der Energie zur Erde und zum Himmel.

Übung 2: Die Verbindung mit der Erde

Entspannen Sie sich, wie oben beschrieben.

Sammeln Sie Ihre Energie im unteren Dantien.

Stellen Sie sich vor, wie aus Ihren Fußsohlen Wurzeln wachsen, die sich langsam durch die verschiedenen Schichten der Erde schieben. Unterstützen Sie diesen Prozeß mit Bildern, die Sie sich dazu vorstellen.

Gehen Sie mittels Ihrer Vorstellungskraft durch die Erd-, Humus- und Sandschicht, durch Bereiche, in denen sich harter Stein und auch Edelsteine befinden.

Gehen Sie immer tiefer, bis zum Zentrum der Erde.

Dort entdecken Sie einen klaren See. Strecken Sie Ihre Wurzeln dort hinein, und spüren Sie, wie dieses Wasser sie stärkt und nährt. Genießen Sie diesen Augenblick, und lassen Sie sich soviel Zeit, wie Sie wollen.

Erleben Sie dieses Genährt-Werden, und erfahren Sie die Stärkung durch die Erdenergie.

Nehmen Sie das Wasser, das das Elixier der Erde enthält auf, und lassen Sie es durch ihre Wurzelkanäle in Ihren Körper fließen, und gehen langsam wieder zurück, durch alle Schichten der Erde.

Lassen Sie die nährende und heilende Energie von Mutter Erde durch Ihre Füße in Ihren Körper einfließen.

Öffnen Sie ihre Fußsohlen ganz weit, und spüren Sie, wie die Erdenergie durch Ihre Waden, Ihre Beine und Ihr Becken und in den Bauchraum fließt. Nehmen Sie so viel Energie auf, lassen Sie so viel Energie durch, wie sie können. Bedanken Sie sich bei Mutter Erde für diese Energie.

Leiten Sie die Erdenergie in Ihr unteres Dantien und von dort in den «inneren Kreislauf», wie oben beschrieben. Verweilen Sie noch eine Weile im unteren Dantien, bevor Sie die Übung beenden.

Üben Sie die Verbindung mit der Erde täglich und so lange, bis Sie ganz sicher darin sind. Erst dann sollten Sie die Verbindung nach oben, zum Himmel, zum Kosmos, zur geistigen Quelle herstellen.

Übung 3: Die Verbindung zum Himmel

So, wie die Erde verschiedene Schichten und Formen hat, ist auch die Welt über uns, die geistige Welt, verschieden gestaltet. Im Unterschied zur Erde, deren Dichte, Konsistenz und Härte meßbar und nachweisbar ist, finden wir zur geistigen Welt kaum eine Wegbeschreibung. Es gibt allerdings verschiedene Lehren, die eine Gliederung der geistigen Welt in verschiedene Seinsebenen aufzeigen.

Setzen Sie sich bequem hin.

Die Beine berühren den Boden.

Die Hände liegen auf den Oberschenkeln.

Der Körper ist entspannt.

Gehen Sie mit Ihrer Aufmerksamkeit in das untere Dantien.

Machen Sie sich Ihre Erdung, Ihren Erdkontakt, wie in der Erdungsübung beschrieben, bewußt.

Stellen Sie sich eine Leitung oder ein Rohr vor, das durch Ihre Körpermitte geht.

Benutzen Sie Ihre Atmung als Hilfsleiter.

Gehen Sie mit jedem Atemzug ein Stückchen weiter nach oben.

Wenn Sie am Schädeldach angekommen sind, stellen Sie sich vor, daß eine Lotosblüte sich öffnet und kosmische Energie aufnimmt.

Behalten Sie die Beobachtung des Atems bei.

Benützen Sie den Atem wie eine Strickleiter, auf der Sie sich aufwärts und abwärts bewegen können.

Wenn Sie unsicher werden, gehen Sie langsam wieder in Ihren Kör-
per zurück.
Fühlen Sie sich sicher, dann gehen Sie mit ihrer Atmung bewußt aus
dem Körper hinaus. Wenn Sie die Energieaufnahme beenden,
gehen Sie durch das Schädeldach,
durch Ihren Kopf,
durch Ihren Hals,
durch Ihre Brust,
bis zum unteren Dantien.
Dort verweilen Sie einen Augenblick, spannen Ihre Muskeln an,
dehnen und strecken sich und sind wieder ganz im Hier und Jetzt.

Sie haben die beiden Pole, zwischen denen unser Energiefeld
pendelt, kennengelernt. Natürlich findet dieser Energieaustausch auch ohne unser Zutun statt. Wenn diese Verbindung
jedoch bewußt hergestellt wird, ist der Energiefluß wesentlich intensiver.

Ich möchte Sie nochmals eindringlich bitten, diese Übung
erst dann zu machen, wenn Sie mit der Erdungsübung gut
vertraut sind.

In der «Hochzeit von Himmel und Erde» verbinden wir
jetzt die beiden Energiequellen in unserem Körper.

Übung 4: Die Hochzeit von Himmel und Erde

Himmel und Erde haben zwei verschiedene Energiestruktu-
ren, sie sind männlich und weiblich, Yin und Yang, Vater und
Mutter, heilend und nährend. Als menschliche Wesen sind wir
zwar als Mann und Frau geboren, haben aber beide Qualitäten, männlich und weiblich, in uns. Eine der größten Heraus-
forderungen unserer Entwicklung ist die Harmonisierung

dieser beiden Gegensätze. Die «Hochzeit von Himmel und Erde» ist eine Übung, die in vielen Traditionen beschrieben wird. Sie ist eine Meisterübung, die uns befähigt, Kanal zu werden für Licht und Liebe.

Stehen Sie aufrecht.

Die Füße sind schulterbreit geöffnet.

Die Knie sind locker.

Die Wirbelsäule entspannt und gerade.

Die Schultern sind entspannt.

Der Kopf ist gerade.

Gehen Sie mit Ihrer Aufmerksamkeit in das untere Dantien.

Spüren Sie Ihre eigene Energie.

Gehen Sie mit Ihrer Aufmerksamkeit vom unteren Dantien zum Dammpunkt.

Vom Dammpunkt durch die Beine zum Fußchakra.

Stellen Sie sich vor, Sie sind ein Baum,
und Ihre Wurzeln gehen tief in die Erde, durch alle Schichten, bis zum Erdmittelpunkt.

Im Erdzentrum befindet sich ein klarer See.

Dort stecken Sie Ihre Wurzeln tief hinein und saugen die nährende Energie von Mutter Erde auf.

Leiten Sie diese Energie durch Ihre Wurzeln in Ihre Beine, in Ihren Bauch zum unteren Dantien.

Dort verweilen Sie einen Augenblick.

Gehen Sie mit Ihrer Aufmerksamkeit, die sich an den Atem heftet, in der Körpermitte hoch bis zu Ihrem mittleren Dantien, dann weiter bis zu Ihrem oberen Dantien, von dort aus bis zum Schädeldach.

Bleiben Sie bei dem Bild des Baumes.

Stellen Sie sich vor, aus Ihrem großen Blätterdach ergießt sich die Energie der Erde in den Kosmos.

Zur Unterstützung Ihrer Vorstellung können Sie Ihre Arme seitlich hochheben, um die Energie nach oben zu bringen.

Stellen Sie sich vor, Sie sind der Weltenbaum Ygdrasil, der alle Welten umfaßt.

Atmen Sie die Erdenergie, die Sie durch Ihre Wurzeln, durch den Baumstamm in die Baumkrone geleitet haben, in den Kosmos aus.

Wenn Sie fühlen, daß Sie dazu bereit sind, beenden Sie die Vorstellung, Energie abzugeben.

Halten Sie einige Augenblicke still, und werden Sie nun bereit, kosmische Energie über Ihre Blätter, Zweige und Äste aufzunehmen.

Lassen Sie diese kosmische Energie durch alle Äste in den Stamm fließen.

Spüren Sie, wie kosmische Energie durch Ihr Schädeldach fließt, durch Ihr oberes Dantien, durch Ihr mittleres Dantien, durch Ihr unteres Dantien.

Verweilen Sie dort einen Augenblick.

Leiten Sie kosmische Energie durch Ihre Beine.

Stellen Sie sich das Wurzelgeflecht eines großen Baumes vor.

Leiten Sie die kosmische Energie bis zum Mittelpunkt der Erde.

Verweilen Sie einen Augenblick im klaren See der Erdmitte.

Füllen Sie Ihre Wurzeln wieder mit der nährenden Energie der Erde, leiten Sie die Erdenergie wieder durch Ihren Körper bis zu Ihrem unteren Dantien.

Dort verweilen Sie einen Augenblick.

Wenn Sie die Übung jetzt beenden wollen, bleiben Sie mit Ihrer Aufmerksamkeit im unteren Dantien.

Legen Sie die Hände über Ihrem Unterbauch übereinander, atmen einige Male tief durch, und beenden Sie die Übung.

Abb. 10: Die Hochzeit von Himmel und Erde

Sie können die Übung der «Hochzeit von Himmel und Erde» mehrmals wiederholen, aber übertreiben Sie nichts. Ihr Körper muß sich erst an diesen Energiefluß gewöhnen. Steigern Sie also bitte langsam.

Die «Hochzeit von Himmel und Erde» wird Sie reinigen und Ihnen helfen, die Polaritäten, die Gegensätze in Ihnen, zu harmonisieren und zu heilen. Die Übung wird Ihr Gefühl für den Energiefluß enorm stärken und ihre Gesundheit positiv beeinflussen. Lichtarbeiter auf der ganzen Welt benützen die «Hochzeit von Himmel und Erde», um kosmische Energie, kosmisches Licht, auf die Erde zu leiten und zwar dorthin, wo dringend heilende Energie benötigt wird. Besonders in Krisen- oder Kriegsgebieten, bei Naturkatastrophen wie Erdbeben, Vulkanausbrüchen, Überschwemmungen ist es notwendig, viel Licht und Heilung in diese Gebiete zu schikken. Wir selbst haben erlebt, wie intensiv Lichterketten wirken. Wenn auch der einzelne «nur» ein kleines Licht ist, so ergeben doch viele Lichter einen intensiven Schein, der vieles bewirken kann.

Durch die Bemühungen der Lichtarbeiter ist über den ganzen Erdball ein Lichtnetz installiert, das von «Lichtarbeitern» ernährt und unterhalten wird, die Kanal sind für heilende, kosmische Energie. Auch Sie können sich jetzt beteiligen, können ein Lichtanker werden zur Heilung von Mutter Erde.

Wenn Sie die dritte »Tibeter«-Übung in diesem Sinne machen wollen, nehmen Sie die entsprechende Position ein. Beim Einatmen «schöpfen» Sie Erdenergie in Ihren Energiekanal und lassen diese durch Ihren Körper in Ihren Kopf fließen, während Sie diesen zurück beugen. Leiten Sie die Erdenergie in den Kosmos, und nehmen Sie kosmische Energie auf, während der Kopf nach hinten gebeugt ist. Nun

senken Sie den Kopf wieder auf die Brust, und mit dem Ausatmen bringen Sie die kosmische Energie durch Ihren Körper
zur Erde.

Wenn Sie die Übung beenden, gehen Sie mit Ihrer Aufmerksamkeit ins untere Dantien zurück.

4

Alte Muster auflösen

Abb. 11: Der Vierte »Tibeter«

Man hatte vor tausend Dingen Angst,
vor Schmerzen,
vor dem eigenen Herzen,
man hatte Angst vor dem Schlaf,
Angst vor dem Erwachen,
vor dem Alleinsein ...
vor dem Tode — namentlich vor ihm, dem Tode.

Aber all das waren nur Masken und Verkleidungen.
In Wirklichkeit gab es nur eines,
vor dem man Angst hatte:
das Sich-fallen-lassen,
den Schritt in das Ungewisse hinaus,
den kleinen Schritt hinweg.
Über all die Versicherungen, die es gab.

Und wer sich einmal,
ein einziges Mal hingegeben hatte,
nur einmal das große Vertrauen geübt,
und sich dem Schicksal anvertraut hatte,
der war befreit.
Er gehorchte nicht mehr den Erdgesetzen,
er war in den Weltraum gefallen
und schwang im Reigen der Gestirne mit.

Hermann Hesse

Die vorhergehenden Übungen haben uns gezeigt, wie wir
Vertrauen lernen im Umgang mit neuen Energiequellen.
Durch dieses vierte »Tibeter«-Ritual erfahren wir Mut, die
durch Angst und Unsicherheit entstandenen Blockaden aus
unserem emotionalen und physischen Körper zu lösen. Wir
begegnen dem «inneren Ratgeber», beginnen unsere Gefühle
zu heilen und lernen, positive und negative Energiemuster zu

unterscheiden. Wir bauen eine Brücke zwischen der Vergangenheit und der Gegenwart. Während dieses Rituals lassen wir alles Belastende los. Wie bei allen anderen Riten auch, sollten die einzelnen Übungen dieses Kapitels nicht mit dem vierten »Tibeter«-Ritus vermischt werden. Sie können jedoch die Affirmationen, die am Ende des Kapitels aufgeführt sind, mit in das Ritual einbringen.

Was hindert uns daran, jederzeit im Vollbesitz unserer Kraft zu sein? Es sind unsere alten Gewohnheiten, unsere Prägungen, negative Gedanken und Gefühle, gestörte und mißverstandene Erwartungen in unserer Familie, in der Partnerschaft, im Beruf, an Religion, an unseren Wohlstand.

Vor allem aber sind es unsere Ängste, die uns Energie kosten, die Blockaden im Energiefluß bilden. Diese Blockaden gehen durch alle unsere Energiekörper bis in den phsyischen Körper hinein. Wer kennt nicht das Gefühl von Übelkeit und Unwohlsein, das sich in der Magengegend bemerkbar macht, wenn wir einer Situation gegenüberstehen, der wir nicht gewachsen sind. Angst behindert im physischen Körper den Energie- und Atemfluß und damit verbunden die Versorgung der Zellen mit Energie.

Im emotionalen Körper bilden ungelöste Verhaltensmuster Blockaden, die sich in einer Schwächung der Chakras und Meridiane bemerkbar machen. Wiederholen sich diese emotionalen Muster immer wieder aufs neue, so schwächen sie den mentalen Körper, und es entstehen negative Programmierungen. Angstmuster bilden sich meist in der pränatalen Entwicklungszeit, während der Geburt, postnatal und in der gesamten kindlichen und jugendlichen Entwicklungsperiode eines Menschen.

In der Zeit meiner Hebammentätigkeit konnte ich oft beobachten, wie Säuglinge auf ihre Umgebung, auf ihre Eltern, auf das «Willkommensein» oder «Nichtwillkommensein» in einer Familie reagieren. Dramatisch wirkt sich die Reaktion der Eltern aus, wenn z.B. statt des erhofften Jungen «nur» ein Mädchen zur Welt kommt. Die Kinder erleben diese Enttäuschung der Eltern als einen Mangel an Liebe. Es schwächt das Selbstwertgefühl des heranwachsenden Kindes und begünstigt Minderwertigkeitsgefühle. Wenn ich in meiner Naturheilpraxis einen Patienten zum ersten Mal behandle, informiere ich mich intensiv über die Probleme und Komplikationen während der eigenen vorgeburtlichen Zeit, über den Verlauf der Geburt und die Zeit danach. Besonders bei Kindern, die unter starken Allergien, Hyperaktivität und Schulstreß leiden, liegt häufig eine ganz starke Belastung dieser vorgeburtlichen und nachgeburtlichen Zeit vor. Auch bei Kindern, die vor dem normalen Geburtstermin «auf die Welt gebracht» (oder besser gezerrt) wurden, ergeben sich häufig seelische und körperliche Probleme, da der richtige Zeitpunkt, den die Seele sich für ihre Entwicklung und Prägung ausgewählt hatte, nicht beachtet wurde.

Um Angst wirkungsvoll aufzulösen, benötigen wir viel Geduld, Liebe und Akzeptanz.

Erkenne dich selbst

Sie sind der wichtigste Mensch in Ihrem Leben!

Das mag für manche zuerst einmal sehr egoistisch klingen. Aber vom energetischen Standpunkt aus betrachtet, ist das richtig. Sind Sie in Harmonie mit sich selbst, strahlen Sie Harmonie auch auf andere aus. Fühlen Sie sich krank, ausgelaugt und müde, unharmonisch mit sich selbst, werden Sie keinen Menschen in Ihrer Umgebung begeistern und glücklich machen. Lieben und akzeptieren Sie sich selbst, so nimmt auch Ihre Umwelt Sie liebevoll wahr.

Das Erkennen unserer Ängste, Sorgen, Befürchtungen, aber auch unserer unerfüllten oder unbefriedigten Wünsche ist der erste Schritt auf dem Weg der Selbsterforschung. «Mensch erkenne dich selbst» stand über dem Eingangstor zu den Tempeln der großen Mysterienschulen im Altertum. Auch im Wassermann-Zeitalter ist diese Weisheit immer noch aktuell. Für die Auflösung von Verhaltensmustern gibt es eine Vielzahl von Methoden. Manchmal ist es wichtig, sich einem Lehrer anzuvertrauen, der einen ein Stück auf dem Selbstfindungsweg begleitet, manchmal finden sich in einem Buch Anregungen, die weiterhelfen. Oft schafft man es auch allein. Schon der Wille, an den eigenen Schwächen zu arbeiten, ist der eigentliche Beginn des Selbstheilungsprozesses. Es gibt heutzutage so viele Möglichkeiten, Hilfe zu erfahren, wie sehr wahrscheinlich in noch keinem Zeitalter zuvor. Ein Sprichwort sagt: «Es ist für jede Krankheit ein Kraut gewachsen.» Man könnte diesen Satz erweitern in: «Es ist für jede emotionale Blockierung auch eine geeignete Therapie vorhanden.»

Nicht jeder Mensch spricht auf dieselbe Therapieform gleich gut an. Es ist daher von zentraler Bedeutung, die geeignete Heil- und Therapieform zu finden. Eine Möglichkeit hierzu besteht z.B. in der Anwendung von kinesiologischem Test, Pendel, Wünschelrute, um so die passende Therapie herauszufinden. In meiner Naturheilpraxis gehe ich immer nach dem Prioritätsprinzip vor, d.h. aus mehreren Möglichkeiten wird durch Testung die oberste Priorität herausgesucht und als erstes behandelt. Legen Sie sich zunächst eine Liste an mit all Ihren unerfüllten Wünschen, und fragen Sie sich: «Wer oder was hindert mich daran, meinen Wunsch zu verwirklichen? Wer oder was blockiert mich, wovor habe ich diese Angst?»

Eine der wichtigsten Entscheidungen, die ich in meinem Leben getroffen habe, war der Entschluß, nicht mehr Opfer sein zu wollen. Ich begann, mich in jeder unglücklichen Situation oder Verfassung folgendes zu fragen:

Warum fühle ich mich jetzt nicht wohl oder glücklich?

Was mache ich gegen meine Überzeugung?

Was reizt mich an meinem Gegenüber?

Warum fühle ich mich eingeengt durch diese Person?

Warum habe ich das Gefühl, etwas nicht wert zu sein?

Warum fühle ich mich nicht dazugehörig oder erwünscht?

Warum glaube ich, nicht verstanden, geschätzt oder gut genug zu sein?

Warum glaube ich, etwas Falsches oder Verletzendes getan zu haben?

Warum glaube ich, auf eine Situation keinen Einfluß zu haben?

Warum erlebe ich einen Mangel?

Die Antwort auf diese Fragen kommt immer sofort. Ich habe mir deshalb angewöhnt, eine Tagesrückschau zu halten. Vor dem Einschlafen lasse ich den vergangenen Tag nochmals wie einen Film ablaufen und frage mich dann, zu welchen Zeiten ich nicht glücklich war.

Die nächste Frage ist dann:

Was kann ich ändern?

Wie kann ich eine Situation ändern?

Wann kann ich etwas unternehmen?

All diese Fragen lösen in unserem emotionalen Körper und dann auch in unserem physischen Körper eine Reihe von Reaktionen aus wie Kummer, Leiden, Schuldgefühle, Abhängigkeiten, Arroganz, Hoffnungslosigkeit, Angst, Wut und Zorn.
Wie lösen wir nun diese Gefühle auf?

Die Veränderung von Ängsten: ein Drei-Stufen-Plan

Die Veränderung von Ängsten und Phobien, aber auch das Auflösen von hemmenden Gefühlen geht in drei Schritten vor sich:

Eine Blockade erkennen
Um Rat und Hilfe bitten
Loslösen aus dem Körpergedächtnis

Blockaden erkennen

Ängste, ein ungutes Gefühl oder eine Unsicherheit können erst dann gelöst werden, wenn sie als solche erkannt sind. Es ist nützlich, sich ein kleines Heft anzulegen, um die negativen Emotionen, die uns während des Tages bewußt werden, zu notieren. Die Aufzeichnungen machen deutlich, auf welche Personen, auf welche Bemerkungen etc. wir besonders intensiv reagieren. Daraus ergibt sich eine Skala, die von leichter zu verändernden bis hin zu tiefersitzenden Verhaltensmustern reicht. Kleinere Angelegenheiten können schneller gelöst werden, meist schon in dem Augenblick, in dem sie entstehen und Sie sich darüber bewußt werden. Oft gelingt es schon, sich durch eine willentliche Entscheidung, verbunden mit einem tiefen Atemzug, von kleinen Zweifeln und Unsicherheiten zu lösen. Bei tieferliegenden Blockaden hat sich in vielen Fällen die Kontaktaufnahme mit dem «inneren Ratgeber» als sehr hilfreich erwiesen.

Um Rat und Hilfe bitten

Aus der Kraft Ihres eigenen Herzens bekommen Sie jeden Rat, der Sie weiterführt, und verfügen über alle Heilkraft, die Sie brauchen. Es ist die «innere Weisheit», die sich durch den «inneren Ratgeber» ausdrückt. Um mit dieser Weisheitsquelle in Verbindung zu kommen, brauchen Sie genügend Zeit, in der Sie ungestört sind und sich entspannen können.

Schaffen Sie sich eine angenehme Umgebung: wohlige Zimmertemperatur, einen kuscheligen und bequemen Platz zum Entspannen, angenehme Düfte (Aromalampe), gedämpftes Licht, leise Meditationsmusik. Entspannen Sie Körper und Geist mit langsamen, tiefen Atemzügen. Als Vorbereitung auf die Begegnung mit dem «inneren Ratgeber» eignet sich besonders gut die «Sonnenatmung». Sie hilft Ihnen, eine tiefe Körperentspannung zu erreichen und den Bauchraum, in dem die meisten Gefühle gespeichert sind, mit Wärme und einem Wohligkeitsgefühl zu füllen.

Übung 1: Die «Sonnenatmung»

Lassen Sie in Ihrer Vorstellung eine wunderschöne, strahlende, wärmende Sonne am Himmel aufgehen. Gehen Sie mit der Aufmerksamkeit und dem Atem zum Nabel. Öffnen Sie beim Einatmen den Nabel ganz weit, wie eine Sonnenblume, die sich im Sonnenschein öffnet.

Nehmen Sie beim Einatmen soviel Sonnenenergie auf, wie Ihnen angenehm ist. Lassen Sie die wärmenden Strahlen der Sonne durch Ihren Nabel in den Bauchraum fließen. Spüren Sie, wie sich Bauchraum und Becken entspannen und lockern. Beenden Sie die Übung, wenn Sie sich wohl und warm fühlen.

Übung 2: Die Begegnung mit dem «inneren Ratgeber»

Wenn sich nach der «Sonnenatmung» Körper und Geist in einem Zustand natürlicher, friedvoller Gelassenheit befinden, gehen Sie in Ihrer Vorstellung an einen Platz in der Natur, an dem Sie sich ganz wohl und geborgen fühlen.

Es kann ein Platz sein, der real existiert. Sie können sich aber auch eine Landschaft vorstellen, in der Sie sich wohl fühlen. Öffnen Sie nun Ihr Herz-Chakra, indem Sie den Atem und die Aufmerksamkeit dorthin lenken. Erleben Sie jetzt in Ihrer Vorstellung, wie Sie auf Ihren Lieblingsort zugehen. Sie setzen sich bequem hin und sind voller Erwartung auf die Begegnung mit dem «inneren Ratgeber».

Öffnen Sie alle Ihre Sinne. Spüren Sie die Luft, den Wind, die Sonne, fühlen Sie die Erde oder die Steine, auf denen Sie sitzen, atmen Sie den Duft der Bäume, Blumen und Sträucher ein, die Sie umgeben. Erwarten Sie die Begegnung mit aller Intensität, zu der Sie fähig sind.

Es kann sein, daß Sie ganz genau sehen, wer auf Sie zukommt, oder aber Sie nehmen ein ungenaues Bild wahr, nebelhaft oder verschwommen. Es kann aber auch das Gefühl sein, daß jemand anwesend ist.

Fragen Sie, wer dieser Ratgeber ist und wie er heißt. Konzentrieren Sie sich auf Ihr Herz-Chakra, und bitten Sie den «inneren Ratgeber», zu Ihnen ins Herz-Chakra zu kommen. Werden Sie aktiv, und stellen Sie Fragen; legen Sie Ihre Probleme vor, und erwarten Sie eine Antwort.

Die Loslösung

Belastende Gefühle und emotionale Blockaden setzen sich im ganzen Körper fest. Sie können durch das Gewahrwerden des Atems, durch Licht, Energie oder durch eine spezielle Formel aufgelöst werden.

Spüren Sie in ihrem Körper nach, wo sich die Angst festgesetzt hat, und leiten Sie Ihren Atem dorthin. Das ist nicht immer angenehm und oft mit Schmerzen, Kribbeln, Kälte- bzw. Wärmegefühlen verbunden. Bitten Sie Ihre geistigen Helfer, Schutzengel, Geistführer oder Lehrer um Unterstützung. Atmen Sie so lange zu dieser Stelle, wie Sie sich wohl fühlen oder bis der Schmerz sich aufzulösen beginnt. Wenn Sie keine Erfahrung mit kontrolliertem, geführten Atmen haben, beginnen Sie bitte ganz behutsam.

Wir haben in den vorherigen Kapiteln gelernt, Licht bzw. Energie durch den Körper fließen zu lassen. Bei der Auflösung von Blockaden, die durch verdrängte und gestaute Emotionen entstanden sind, bieten sich diese Methoden besonders an.

Die Miteinbeziehung des Körpers in den Auflösungsprozeß von Ängsten und Phobien ist außerordentlich wichtig.

Nach Auffassung indianischer und hawaiianischer Schamanen lernt der Mensch nicht mit seinem Gehirn, sondern mit seinem Körper, mit seinen Muskeln und Organen. Auch in unserem Sprachgebrauch finden sich viele Redewendungen, die sich auf die Auswirkung von seelischen Zuständen auf den Körper beziehen. Nach meiner Erfahrung kann eine seelische Blockade nur gelöst werden, wenn unser Körper und alle Ebenen unseres Seins mit einbezogen werden. Wenn wir zur Lösung einer seelischen Blockade bereit sind, stellen wir uns einen für uns heiligen Raum vor. Es kann eine Pyramide, ein Tempel oder eine Kathedrale, ein Platz in der Natur sein – ein Ort der Kraft.

Wir sprechen eine Auflösungsformel, die uns loslöst aus der Angst. Es ist wichtig, daß wir uns selbst verzeihen und all denen, die an dieser Situation beteiligt waren. Ich verwende die nachstehende Formel, die Sie entsprechend Ihrer Glaubenseinstellung verändern können. Beziehen Sie aber auf jeden Fall ein göttliches Wesen oder eine höhere Instanz, mit ein.

Übung: Die Auflösungsformel

Ich lasse meine Angst (z. B. vor Wasser) los und verzeihe mir,
  daß ich sie zugelassen habe.
Ich bitte den, der uns Vater und Mutter ist,
  Sohn und Tochter,
  Heiliger Geist und Weise Frau,
  diese Angst (z. B. vor Wasser) in meinen physischen und meinen
  geistigen Körpern zu löschen.
Jetzt und für immer.

Ich verzeihe mir und denen, die an dem Zustandekommen der Angst
beteiligt waren und bitte die höchste Ebene des Lichts und der
Liebe um Heilung und Segen.

Bedanken Sie sich für die Führung und Hilfe Ihres «inneren
Ratgebers», atmen Sie tief durch, spüren Sie Ihren Körper,
nehmen Sie den Raum um sich herum wahr, und öffnen Sie
Ihre Augen.

Es kann sein, daß Ihnen, wenn Sie mit dieser Art von Lö-
sungsarbeit begonnen haben, immer neue, ähnliche Verhaltensmuster einfallen. Ängste und Phobien bilden ganze Ket-
ten von ähnlichen Verhaltensmustern, die sich oft schlagartig
auflösen, wenn die «Generalursache» gefunden ist.

Das Aussprechen der Auflösungsformel ist eine Möglich-
keit, Ängste und Phobien aufzulösen. Sie können diesen
Prozeß auch mit anderen Therapien, z.B. Blüten-Therapie,
Atemtherapie usw. unterstützen.

Telepathisch übermittelte Gefühle

Leben wir wirklich nur unsere eigenen, persönlich entwik-
kelten Gefühle? Haben Sie schon bemerkt, wie sich Ihr Stim-
mungsbarometer im Laufe eines Tages verändert, obwohl Sie
durchaus kein launischer Mensch sind? Fühlen Sie sich häufig
ausgelaugt, müde und kraftlos, wenn Sie mit einem bestimmten Menschen beisammen waren? Führen Sie in Gedanken
Diskussionen und Streitgespräche mit Personen, mit denen
Sie in Disharmonie sind? Wenn Sie diese Fragen mit Ja beantworten können, dann gehören Sie zu den Menschen, die
durch ihren Emotionalkörper telepathische Gefühle anderer
Mitmenschen aufnehmen. Unter Telepathie verstehen wir im

allgemeinen, daß wir Gedanken anderer Menschen empfangen können. Aber häufig sind es Gefühle oder Stimmungen, die unser Emotionalzentrum, das Sonnengeflecht, aufnimmt. Gedankenkräfte haben eine höhere Frequenz als Gefühle. Im 2. Kapitel wurde das Bild eines Fernsehgerätes beschrieben, das genau auf den Sender eingestellt sein muß, um ein klares, deutliches Bild zu zeigen.

Das klare Bild entspricht der genauen Frequenz, der Übereinstimmung von Empfänger und Sender. Ist das Bild verzerrt, werden nur unklare, verschwommene Informationen übermittelt, und man kann die verschwommene Information so oder so auslegen. Genauso ist es mit der telepathischen Übertragung von Gedanken.

Wenn Sender und Empfänger nicht genau aufeinander abgestimmt sind, z.B. als Folge von Mißverständnissen, Streit usw., verlagert sich die telepathische Übertragung der Gedanken vom Gedankenzentrum im Kopf in das Gefühlszentrum im Sonnengeflecht, und wir empfangen dort die unguten Gedanken als Gefühle. Viele Menschen sind telepathisch veranlagt, ohne es zu wissen. Wenn Sie auf dem spirituellen Weg sind, werden Sie bemerkt haben, daß Sie zunächst viel anfälliger werden für Stimmungen, Schwingungen und Gefühle. Sie werden erst einmal, für eine gewisse Zeit, labiler als sonst. Ich habe in Kursen häufig mit diesem Problem zu tun und war selbst jahrelang für unbewußte telepathische Informationsübertragung zu offen. Ich habe auf meine Umgebung reagiert wie eine Feder im Wind, und ich war wie ein trockener Schwamm, der alle Energien aufnahm, die gerade da waren.

Die Hebammenschule, die ich absolviert habe, war hervorragend in der medizinischen Ausbildung. Aber «psychische Hygiene» und «mentaler Selbstschutz» standen nicht auf dem

Unterrichtsplan. Abhärtung hieß die Devise und «was uns nicht umbringt, macht uns stark». So habe ich Hunderte von Kindern in meinem Emotionalkörper «mitgeboren», habe mitgelitten und mitgehechelt, bis ich nach einigen Jahren völlig ausgepowert war, und mein Körper mir durch ständige Erkältungen klargemacht hat, daß er «die Nase voll» hatte. Ich führte ständig Krieg mit den Ärzten, die keine Zeit und Geduld für den natürlichen Geburtsprozeß hatten, ich war in Fehde mit den Kinderkrankenschwestern, die den Müttern das Stillen durch die bequemere Flaschennahrung abnahmen, ich kämpfte an allen Fronten. Nach einigen Jahren war ich energetisch leer.

Ich suchte einen Heilpraktiker auf und habe dann drei Wochen lang durch eine Fieberkur meinen Körper gereinigt. Während dieser Zeit der körperlichen Entgiftung wuchs der Wunsch in mir, auch meinen Geist zu reinigen. Neue Bekanntschaften traten in mein Leben, und ich begegnete plötzlich Menschen, die meditierten, auf ihre Ernährung achteten, auf dem spirituellen Weg waren.

Wenn man sich als Anhänger für spirituelle Dinge interessiert, ist man mit unzähligen esoterischen Richtungen, Meinungen und Philosophien konfrontiert. Die einen stehen Kopf, die anderen essen keine Eier und wieder andere betrachten alle Nichtesoteriker als zurückgebliebene Kreaturen. Auf meiner Suche nach dem für mich richtigen Weg begegnete ich einem alten, weisen Töpfer, der nur eine Straße weiter wohnte. Mit väterlicher Fürsorge, Liebe und Strenge begleitete er meine Suche und unterstützte meine ersten spirituellen Erfahrungen.

Er war immer für mich da, um meine Fragen zu beantworten, und er war der erste Mensch, zu dem ich eine positive telepathische Verbindung hatte und spürte. So hatte ich hin und wieder am Nachmittag plötzlich den Wunsch, ihn in der Töpferei zu besuchen. Dieses Gefühl steigerte sich so stark, daß ich oft meine Arbeit unterbrach und sofort losging. Wenn mir der Töpfer dann die Türe öffnete und ich verlegen nach einer logischen Begründung für meinen Besuch suchte, lachte er nur und sagte dann, daß er mich erwartet hätte und der Tee schon vorbereitet sei. Bevor er einige Jahre später hochbetagt von dieser Erde ging, stellte er mich einer Sufi-Meisterin vor, die dann meine geistige Begleiterin wurde. Seine Beerdigung wurde für uns alle eine tiefe Erfahrung. Traurig, verlassen und verloren betraten wir die Beisetzungshalle. Während der Trauerfeier vollzog sich bei allen Anwesenden eine wunderbare Transformation. Wir spürten sehr intensiv seine Liebe und Güte und fühlten uns mit ihm innig verbunden. Es war das Erleben, daß es für Seelenkommunikation keine Trennung durch verschiedene Daseinsformen gibt. Dieses Gefühl der Verbundenheit ist jetzt genauso intensiv wie vor zwanzig Jahren.

Eine negative Telepathie-Erfahrung machte ich einmal während eines Seminars mit einem chinesischen «Meister». Ich hatte mit einem anderen Kursteilnehmer eine grundlegende Meinungsverschiedenheit, die die Lehre dieses «Meisters» betraf. Er fand es ungehörig, daß ich als Schülerin es wagte, eine andere Meinung als der «Meister» zu haben und wollte mir zeigen, was er schon bei diesem «Meister» gelernt hatte. Ich folgte dem Unterricht wie gewohnt und bemerkte nach einiger Zeit, wie ich müde wurde, so müde, daß ich kaum mehr die Augen offenhalten konnte. Meine Aufmerksamkeit wurde auf diesen Schüler gerichtet, und ich mußte immer wieder zu ihm hinschauen, obwohl ich eigentlich gar nicht wollte. Nach einer Weile spürte ich einen Druck im Solarplexus, und es wurde mir sehr übel. In der Pause kam nun dieser Mitschüler direkt auf mich zu, grinste mich an und meinte: «Jetzt hast du gespürt, welche Kräfte ich habe.»

Einem Freund von uns ging es ähnlich. Er hatte sich direkt mit dem «Meister» auf eine Diskussion eingelassen, und er konnte nächtelang keinen Schlaf finden, da er immer wieder von Alpträumen geplagt wurde. Dieser «Meister» prahlte damit, daß er einen Ring von Samurais um sich hätte, die ihn vor Angriffen schützten. Seine Samurais wurden auch eingesetzt, um denen zu schaden, die sich von dem «Meister» abwandten. Es war nur noch eine Frage der Zeit, bis die Samurais bei mir auftauchten. Dieses Mal war ich jedoch gerüstet und achtsam. Beim Einschlafen spürte ich, wie sich eine eigenartige kriegerische Energie anpirschte. Ich fragte diese Energieform: «Wer bist du, wie heißt du, was willst du, woher kommst du?» Und da sah ich vor meinem inneren Auge schon die Samurais des Meisters. Ich zog einen Ring aus Licht um sie und ließ sie schrumpfen. Ich stellte mir vor, die Samurais seien aufgeblasene Gummipuppen, aus denen ich die Luft heraus ließ. Ich rief die transformierende Kraft der violetten Flamme an, hüllte mich in violettes Licht, und bald war der Spuk beendet.

Positive und negative
telepathische Gefühle unterscheiden

Wenn Sie mit jemanden ins Gespräch kommen, hat das meist auch seinen energetischen Grund. Irgend etwas «zieht» Sie an, lockt Sie an, mit einem fremden Menschen zu reden. Sie spüren Sympathie, Interesse. Dieses Gefühl entsteht nicht im Kopf, sondern es kommt aus dem Bauch, aus dem Sonnengeflecht. Das Sonnengeflecht stellt den «Kopf» des Bauches dar. So wird auch in verschiedenen schamanischen Traditionen das Denken im Bauch lokalisiert.

Von dort aus bekommen wir ein Gespür für unser Gegenüber, empfinden, wie sich die Person anfühlt, nehmen Sympathie oder Abneigung wahr. Wir spüren auch, ob uns eine Begegnung stärkt oder schwächt. Häufig jedoch lassen wir uns von den Worten, Ideen und Gedanken, die uns verbal vermittelt werden, beeindrucken und verleugnen das Gefühl, das aus dem Bauch kommt. Ein Sprichwort sagt: «Der erste Eindruck ist immer der richtige.» Der erste Eindruck kommt aus unserer Gefühlsebene, aus dem Bauch. Wir können es auch als unser Unterbewußtsein bezeichnen, das weiß, welche Folgen sich aus einer Begegnung mit diesem «Energiefeld» ergeben.

Um eine unangenehme Energie, die wir spüren, entfernen und lösen zu können, sollten wir wissen, woher sie kommt. Bei einer direkten Begegnung wissen wir das auch sofort und können reagieren. Entsteht aber ein unangenehmes Gefühl erst nach einer Begegnung oder scheinbar ohne direkten Kontakt, so können wir immer fragen, welche Person hinter dieser Energie steckt. Ein negativer Gedanke allein verursacht nicht unbedingt eine energetische Störung. Hegt aber jemand permanent negative Gedanken und Gefühle, Wut und Groll gegen eine andere Person, so bilden sich regelrechte Energiefelder, die sich dann entsprechend schwächend auf diese Person auswirken.

Ein neues Gesellschaftsspiel, besonders in Büros und Verwaltungen, ist das Mobbing. Dabei werden permanent negative Schwingungen ausgesandt, um anderen zu schaden. Zusätzlich zu den Belastungen wie Zeitdruck, ungesundes Büroklima, Bildschirmarbeit etc. kommen dann noch die negativen Schwingungen, die von Kollegen ausgestrahlt werden. Personen, die empfindsam und telepathisch veranlagt sind, haben extreme Schwierigkeiten, mit diesem emotionalen Smog zurechtzukommen.

Um sich gegen den emotionalen Smog zu schützen, können Sie ein geistiges Schutzschild aus Licht errichten, indem Sie Ihre eigene Schwingung verstärken, wie im Kapitel «Ein Schutzschild aus Licht» beschrieben wird.

Besonders Kinder und Jugendliche leiden unter den Vor-Urteilen, den Be-Urteilungen, die ihnen immer wieder vorgehalten werden. «Du taugst nichts, aus dir wird nichts, du kannst nichts...» sind die negativen Programmierungen, die sich als blockierende Energiewolken oft ein Leben lang an den Energiekörper eines Menschen heften. Negative Gedankenmuster bewirken eine Schwächung unseres Energiesystems. Wir werden müde, lustlos, gereizt, unkonzentriert.

Wenn Sie sich an ein solches Muster aus Ihrer Kindheit erinnern, können Sie dieses in dem Moment, in dem es aus dem Unterbewußtsein hochsteigt, auflösen (siehe hierzu den nächsten Abschnitt). Zögern Sie nicht, die Auflösung sofort anzugehen, denn der Augenblick des Auftauchens ist auch der richtige Zeitpunkt der Auflösung.

Anders fühlen sich positive, telepathisch vermittelte Gefühle an. Plötzlich denken Sie an eine Freundin, die Sie lange schon einmal anrufen wollten, und dann klingelt das Telefon, und genau diese Freundin ist am Apparat. Oder Ihre Gedanken kreisen immer wieder um eine Person, und Sie spüren Wellen und Ströme der Zuneigung und des Glücks. Im Zustand der Verliebtheit ist dieses Gefühl besonders stark. Positive, telepathisch übermittelte Gefühle lösen ein warmes, angenehmes, liebevolles und stärkendes Gefühl aus.

Negative Beurteilungen auflösen und vergeben

Üben Sie die «Sonnenatmung», wie oben beschrieben, und bringen Sie Ihren Geist und Körper in einen ruhigen, meditativen Zustand. Gehen Sie in Gedanken zurück zu dem Zeitpunkt in Ihrem Leben, an dem die Vorurteile oder Beurteilungen geprägt wurden, und versuchen Sie, sich die Ereignisse so klar wie möglich vorzustellen.

Übung 1: Kränkungen auflösen

Erleben Sie sich z.B. nochmals als Kind in dieser demütigenden Situation. Spüren Sie in Ihrem Körper nach, wo sich diese Beleidigung oder Demütigung festgesetzt haben. Möglicherweise empfinden Sie diese Blockade als Druck, Schmerz, dumpfes Gefühl oder Kälte. Atmen Sie in diesen Körperbereich. Stellen Sie sich vor, daß eine dicke Eisdecke auf diesem Teil des Körpers liegt, daß dieses Gebiet gleichsam eingefroren ist.

Visualisieren Sie eine Sonne, die mit ihren warmen Strahlen dieses Eis schmilzt. Lassen Sie sich so lange bestrahlen, bis Sie ein angenehmes Körpergefühl haben.

Während dieses Auflösungsprozesses gehen Sie mit Ihrer Aufmerksamkeit in Ihr Herz, sprechen eine Auflösungsformel (wie im Drei-Stufen-Plan, Seite 84, beschrieben) und vergeben sich selbst und der beteiligten Person für diese Verurteilung.

Wenn es Ihnen dann noch schwerfällt, dieser Person zu verzeihen, können Sie folgendes Ritual anschließen:

Übung 2: Das Ritual des «inneren Kindes»

Sie gehen mit Ihrer Aufmerksamkeit in Ihr Herz und öffnen es so weit wie möglich. Stellen Sie sich vor, Sie öffnen ein großes Fenster. Nehmen Sie die Person, der Sie verzeihen möchten, in Ihr Herz, und lassen Sie sie zu einem Kind werden. Stellen Sie sich z.B. Ihren Vater als kleinen Jungen vor. Es fällt in der Regel leichter, einem kleinen Jungen zu verzeihen als einem Erwachsenen. Erinnern Sie sich an Erzählungen aus dem Leben Ihres Vaters, aus seiner eigenen Jugend und Erziehung, und versuchen Sie zu verstehen, warum er so und so gehandelt hat.

Üben Sie sich in Verständnis und Verzeihung, denn auch die Person, die Sie verletzt hat, hat bestimmte Programmierungen erfahren, die sie so handeln läßt. Üben Sie auch Geduld mit sich selbst. Alte hartnäckige Muster verschwinden nicht in einer Sekunde. Oft haben wir diese Muster, um zu lernen und zu reifen. Es liegt jedoch an uns, wie wir damit umgehen.

Ein Schutzschild aus Licht

Der beste Schutz gegen Negativität in jeder Form ist, sich seines eigenen Lichts bewußt zu sein. Wenn ich mir bewußt bin, daß ich eine göttliche Seele, göttliche Liebe, göttliches Wissen und Wahrheit bin, kann keine negative Schwingung in meine Aura eindringen. Das Seelenbewußtseins-Mantra, das ich in Kapitel 1 vorgestellt habe (siehe Seite 21), ist eines der besten Schutzmantras, das ich kenne.

Das Gayatri-Mantra ist ebenfalls ein Lichtmantra, das in Sanskrit gesprochen wird. Es ist ein universales Gebet, das um einen klaren Intellekt bittet, damit sich darin die Wahrheit ohne Störung reflektieren kann. Mit der gleichen Kraft, wie die Sonnenstrahlen die Dunkelheit der Nacht durchbrechen, reinigt das Gayatri-Mantra – so, wie es die mittlerweile verstorbene Dina Rees überliefert hat – die Seele von der Unwissenheit.

AUM
BHUH BHUVAH SVAH
TAT SAVITUR VARENYAM
BHARGO DEVASYA DHIMAHE
DHIYO YO NAH PRACHODAYAT

Die Erklärung: Der Betende lobt die Schönheit und Kraft des Lichtes, das alle Seinsbereiche erleuchtet. Er preist die Herrlichkeit, den Segen und die Heilkraft, die aus dem göttlichen Licht fließen. Das Mantra reinigt den Betenden von Unwissenheit und transformiert die Unwissenheit in Weisheit. Der Geist wird von allen Unreinheiten befreit. Es ruft die göttliche Mutter an mit der Bitte, Dunkelheit und Unwissenheit zu läutern und Klarheit und Erleuchtung zu gewähren.

Ich selbst habe mit diesem Mantra wunderbare Erfahrungen gemacht und in einer sehr kritischen Situation Schutz und Hilfe erhalten. Mantras erzeugen, ob laut oder leise gesungen, eine bestimmte Frequenz, eine klare, lichte Schwingung, die alles Negative zurückdrängt.

Auch mit Hilfe der Vorstellungskraft kann man einen wirkungsvollen Schutzmantel bilden. Es gibt unzählige Möglichkeiten, dies zu tun.

Wenn man jemandem gegenübersteht, der eine unangenehme Ausstrahlung hat, kann man sich schützen, indem man sich vorstellt, daß zwischen beiden Personen ein Schutzschild aus reinem Licht oder Gold besteht.

Für den Fall, daß man sich den ganzen Tag oder über eine längere Zeit schützen muß, stellt man sich am Morgen, bevor man das Haus verläßt, eine Eiform aus Licht vor, in die man eingehüllt ist. Es ist immer gut, nach dem Erwachen aus dem Schlaf den neuen Tag mit einer Widmung und einem Gebet zu beginnen. In dieses Gebet kann auch ein Wunsch nach göttlichem Schutz eingeschlossen werden. Wer mit der Energieebene der Engel arbeitet, kann hier wieder die Engel um Schutz und Hilfe bitten.

Als ich nach meiner Ausbildungszeit bei den philippinischen Heilern wieder in meiner Naturheilpraxis tätig war, kamen einige Jugendliche zu mir, die mich baten, ihnen in einer fast aussichtslosen Situation zu helfen. Die Jugendlichen waren Mitglieder einer Sekte und wurden von einem Abgesandten des Gurus, der in Indien lebte und weltweit eine Organisation aufgebaut hatte, «betreut». Das Essen mußten sie sich aus Containern holen und bei den kleinsten Ungehorsamkeiten wurde ihnen der Schlaf entzogen. Sie arbeiteten unentgeltlich rund um die Uhr, um ein sogenanntes «spirituelles Netzwerk» aufzubauen. Die Jugendlichen waren sehr verzweifelt, denn sie hatten keine Energie mehr, aus dieser Organisation auszusteigen. Gesundheitlich waren sie alle sehr stark angegriffen, ziemlich unterernährt und entkräftet. Ich arbeitete kinesiologisch mit ihnen und lehrte sie, das Gayatri-Mantra zu rezitieren. Bei einer kleinen Feier, zu der ich eingeladen war, lernte ich auch den Vertreter des Gurus kennen. Es war einer der unangenehmsten Augenblicke, an die ich mich erinnern kann. Kaum hatte er mich wahrgenommen, begann er, mich energetisch «zu bearbeiten». Ich wurde sehr müde und hatte nur noch den Wunsch, wegzugehen. Von diesem Moment an gab es keine ruhige Minute mehr. Ständig kam es zu Störungen von Telefonkontakten, oder es waren irgendwelche Geräusche in der Leitung zu hören. Meine Nachtruhe wurde empfindlich gestört. Kaum lag ich im Bett, hatte ich das Gefühl, daß sich jemand an mich heranschlich und mir den Hals zudrücken wollte. Ich nahm den Vertreter des Gurus in einer schwarzen Wolke wahr, die sich immer näher auf mich zubewegte und mir Angst einflößen wollte. Anfangs war ich sehr irritiert und wütend. Ich begann zu beten. Jede Nacht, über einen Zeitraum von mehreren Wochen, wiederholte sich dieser ungebetene Besuch. Sobald ich ihn wahrnahm, fing ich an, den Rosenkranz zu beten oder das Gayatri-Mantra zu rezitieren. Allmählich verlor diese Erscheinung an Kraft und ich meine Angst vor ihm.

Eines Tages telefonierte ich mit einer Dame, die schon langjährige spirituelle Erfahrungen hatte, und ich klagte ihr mein Leid. Sie gab mir den Rat, den Erzengel Michael, den Hüter der transformierenden violetten Flamme anzurufen und ihn um Hilfe zu bitten. Das tat ich auch sofort, und innerhalb von Sekunden spürte ich eine glasklare, starke Energieform neben mir; ich fühlte, wie ein Energiewirbel durch das Zimmer ging. Ab diesem Zeitpunkt war der Spuk vorbei.

St. Michael ist seitdem mein besonderer «Schutzengel». Durch die Kraft der violetten Flammen wird alles Dunkle und Negative transformiert. Ich rufe ihn bei jeder Energiearbeit, die ich mit Patienten durchführe um Hilfe und Schutz an. Energie- und Lichtarbeiter sind besonders prädestiniert für schwarzmagische Angriffe, da das Dunkle auf das Licht aufmerksam wird. Wo Licht ist, ist auch Schatten. Der beste Schutz gegen dunkle Kräfte ist, selbst zu strahlen. Während man das Gayatri-Mantra oder das Seelenbewußtseins-Mantra rezitiert, führt man einen goldenen Lichtstrahl durch seinen

Körper und verankert diesen in der Erde. Gleichzeitig öffnet man sein Herz-Chakra und sendet bedingungslose Liebe aus. Ich halte nichts von der Methode, die negative Energie an den Absender zurückzuschicken. Ich finde es geistige Umweltverschmutzung, negative Energien zu verstärken. Es ist heilsamer, diese Energie zu verwandeln und zu transformieren. Das feinstoffliche Feld von Mutter Erde ist schon derart «verschmutzt» von all den bösen Wünschen, Flüchen und schlechten Gedanken, daß man damit nicht noch Pingpong spielen muß.

Ablösungsprozesse erleichtern

Wenn Beziehungen zu Ende gehen, bleibt oft ein kleines Trümmerfeld zurück. Ich meine nicht nur partnerschaftliche Beziehungen, sondern auch Geschäftsbeziehungen. Jede Begegnung, jeder Kontakt mit einem Menschen, bringt ein eigenes Energiefeld hervor. Löst man dieses Energiefeld auf, aus welchem Grund auch immer, spürt man oft erst, was man alles «geschluckt» hat, nicht verarbeitet und verdaut hat. Alles, was nicht positiv war, bleibt wie Blei in der Aura liegen.

Über Abnabelungsprozesse ließe sich ein ganzes Buch schreiben. Es gibt viele Beziehungen – Eltern-Kind, Partnerschaften, religiöse Verbindungen, Arbeitsverhältnisse – in denen ein Teil dominiert und der andere sich zu fügen hat. Steigt ein Teil aus dieser Verbindung aus, so will und kann der andere ihn nicht gehenlassen, da das bisher für ihn so vorteilhafte Energiefeld kollabieren würde. Familienbande sind die stärksten Energiefelder, und es gibt Elternteile, die bis zu ihrem Tod und darüber hinaus ihre dominierenden Machtspiele betreiben. Sie betrachten die Kinder als ihren Besitz und machen diesen Besitzanspruch geltend, indem sie Abhängigkeiten kreieren. So werden manche Kinder aus lauter Liebe und Fürsorge energetisch förmlich erdrückt. Das führt dazu, daß diese Kinder selbst als Erwachsene kein eigenständiges Energiefeld aufbauen und aufrechterhalten können. Es werden Gefühle und Gedanken der Abhängigkeit erzeugt, und man reagiert nicht mehr spontan und aus vollem Herzen, sondern handelt aus Pflichtbewußtsein.

Alles Handeln, das nicht aus dem Herzen kommt, schwächt das eigene Energiefeld und macht letztendlich krank. Wenn Trennungsschritte eingeleitet werden, so ist dies meist eine einseitige Angelegenheit. Einer möchte gehen, der andere will festhalten, der Konflikt ist da. Ein entnervender und strapaziöser Energiekampf beginnt. In solchen Situationen, egal ob lange Zeit zurückliegend oder aktuell, hilft ein Abnabelungsprozeß.

Der Abnabelungsvorgang

Je länger eine Beziehung existiert hat, um so größer ist das Energiefeld, das aufgebaut wurde. Wenn Sie trotz der Trennung nicht «loskommen», können Sie eine energetische Abnabelung vornehmen. Gegenseitige Energieverbindungen sind an den Chakrapunkten besonders intensiv und gebündelt. Fühlen Sie in Ihrem Körper nach, an welcher Stelle Sie die Verbindung mit der Person, von der Sie sich getrennt haben, intensiv spüren. Je nachdem, wie die Art der Beziehung war, spüren Sie die entsprechenden Chakras. Hatten Sie einen regen Gedankenaustausch, so werden die Kopfzentren aktiver reagieren, waren Sie sexuell verbunden, so sind die unteren Chakras fest miteinander verknüpft.

Eine Freundin von mir hat eine reizende, liebevolle Mutter, die sich Tag und Nacht damit beschäftigt, wie sie alle ihre Lieben glücklich machen könnte. Obwohl die Tochter verheiratet war und bereits drei Kinder im Schulalter hatte, war die Mutter immer bei allen Geschehnissen und Entscheidungen mit ihrem Rat und ihrer Meinung da. Wurde sie einmal nicht gefragt, war sie beleidigt und fühlte sich nicht verstanden und nicht geliebt. Selbst lange Gespräche, die ich mit ihr hatte, führten zu keiner Einsicht. Sie war der Meinung, als Mutter hätte sie ein Leben lang ein Mitspracherecht, da sie doch schon einige Jahre mehr Lebenserfahrung hätte. Es kam zur Sprache, daß sie ihre Tochter auch nicht für fähig hielt, ein ordentliches Leben zu führen, zumal sie ja schon einmal eine falsche Entscheidung hinsichtlich ihres Ehemannes getroffen hatte. Seit der Trennung der Tochter von ihrem Ehemann lebte die Mutter im Haushalt der Tochter. Die Mutter war verzweifelt, die Tochter auch.

Bei einer therapeutischen Sitzung, die ich «Seelendialoge» nenne, fanden wir heraus, daß die Mutter mit allen Chakras ihrer Tochter verknüpft war, und zwar in der Art, daß sie als dominierende Sonne die eigene Strahlung der Tochter übertraf. Meine Freundin sah sich, während sie in einer tiefen Entspannung war, als wunderschöne, leuchtende Sonne inmitten des Universums. Dann spürte sie, wie eine andere Sonne näher kam und versuchte, sie zu verdrängen und zu «überstrahlen». Wir spürten, daß die große Sonne die Mutter war, die alle Chakras besetzte. Es entwickelte sich ein Dialog zwischen großer und kleiner Sonne, indem wir der großen Sonne klarmachten, daß das Universum groß genug sei, um sich auszubreiten. Wir erklärten, daß es zwei Umlaufbahnen gibt, für jede Sonne eine eigene.

Die Verbindung zwischen den Chakras lösten wir, indem wir uns vorstellten, daß Verbindungskabel wie Nabelschnüre, von den Chakras der Tochter zu Mutter gingen, die wir jede für sich auf liebevolle Art durchtrennten. Dabei wurden folgende Sätze gesprochen:

«Ich durchtrenne die Nabelschnur, die von meinem Scheitel-Chakra zu deinem führt, in Liebe und Verständnis und bitte dich, die Grenzen meiner Umlaufbahn zu achten und zu schätzen. Ich verzeihe dir und mir, daß dieser Kontakt in dieser intensiven Weise zustande gekommen ist und löse mich nun in Liebe von dir.» Dieses Ritual führten wir bei jedem Chakra durch. Zum Abschluß schickten wir die große, dominierende Sonne auf eine eigene Umlaufbahn, die zwar die kleine Sonne noch im Auge behielt, aber sie nicht mehr «überstrahlte».

Als die Tochter nach der Sitzung nach Hause kam, fand sie die Mutter ganz aufgelöst vor. Die Mutter erklärte ihr unter Tränen, daß sie eingesehen hätte, daß sie nicht mehr länger in das Leben ihrer Tochter eingreifen könne. Sie werde sich eine eigene Wohnung suchen. Im Laufe der nächsten Monate gab es noch ab und zu einen kleinen Versuch, in die alte «Umlaufbahn» abzurutschen, aber sie wurde auf humorvolle Weise von beiden Seiten wieder korrigiert.

Wenn Sie diese energetische Abnabelung anwenden wollen, gehen Sie bitte behutsam und liebevoll vor. Durchtrennen Sie die Energiestränge, die sie mit anderen verbinden, in Liebe und mit der Energie Ihres Herzens. Sie können Ihren Schutzengel, Erzengel Michael oder Ihre geistigen Lehrer und Helfer um Mithilfe bitten. Sie können sich auch vorstellen, wie der Energiestrang, der Sie mit jemanden verbindet, immer kleiner und dünner wird oder wie jeder seine Energie, die er in diese Verbindung gegeben hat, zurücknimmt. Man kann sich ein Gefäß vorstellen, einen Brunnen oder einen Krug, der langsam leer wird.

Diesen Abnabelungsprozeß können Sie auch bei der Lösung von Versprechen, Gelübden und Schwüren anwenden. Bei allen Auflösungsprozessen achten Sie bitte auf eine heilende, liebevolle Atmosphäre.

Sich aus blockierenden Verpflichtungen lösen

Versprechen, Gelübde und Schwüre sind in einem hohen Maß emotional geladen. Deshalb hinterlassen sie in unserem Emotionalkörper starke Blockierungen, wenn sich z.B. eine innige Freundschaft oder Liebesbeziehung auflöst, oder Verpflichtungen, von denen man meinte, ihnen ein Leben lang nachkommen zu müssen, sich als nicht durchführbar erweisen. Wird ein solcher Schritt getan, rührt sich das schlechte Gewissen, man verurteilt sich selbst für seine Fehlentscheidung oder seine Schwäche. Dieser Verurteilungsprozeß hindert die betreffende Person wiederum, kraftvoll einen neuen Anfang zu starten.

Sich selbst zu verzeihen ist besonders schwierig, weil es einige Zeit braucht, um überhaupt zu erkennen, daß man sich selbst verurteilt. Wenn Sie aber dieses Muster bei sich erkannt haben, sollten Sie direkt damit beginnen, es aufzulösen. Denn dann haben Sie die stärkste Kraft dazu.

Entspannen Sie sich so gut wie möglich, spüren Sie Ihren Atem, wie er durch Ihren Körper geht.

Visualisieren Sie Ihren geistigen Ratgeber, Helfer, Schutzengel oder geistigen Führer, und bitten Sie um Hilfe und Beistand bei diesem Prozeß.

Übung: Das Loslösungs-Ritual

Schreiben Sie auf ein Blatt Papier folgenden Satz:
Ich, (Name) löse vor aller Welt dieses Versprechen.
Ich verzeihe mir, jetzt und für immer, daß ich es ausgesprochen habe,
  und bitte all jene um Verzeihung und Verständnis und um Loslö-
  sung aus den eingegangenen Verpflichtungen, die davon betroffen
  waren.
Legen Sie das Blatt Papier auf einen Teller, und zünden Sie es an.
Spüren Sie mit Hilfe Ihres Atems in Ihrem Körper nach, wo sich die-
  se Belastung festgesetzt hat. Atmen Sie ruhig und tief dorthin.
Stellen Sie sich vor, Sie sind in einem Heißluftballon oder auf einem
  Schiff und werfen Ballast ab. Spüren Sie, wie die Belastung leichter
  und leichter wird und ganz von Ihnen abfällt. Zum Abschluß emp-
  fehle ich Ihnen die Wasserfall-Meditation oder die Sonnen-Medita-
  tion.

Sie haben in diesem 4. Kapitel begonnen, sich Ihrer Ängste, Blockaden, alter Bindungen und energetischer Verknüpfungen bewußt zu werden, und verschiedene Rituale kennengelernt, mit denen diese alten Muster aufgelöst werden können.

Verzeihen, Vergeben, Loslassen waren hierbei immer wieder von zentraler Bedeutung. Nehmen Sie diese drei Aspekte mit in die vierte »Tibeter«-Übung. Öffnen Sie Ihr Herz, und lassen Sie alte blockierende Energien aus Ihrem Körper hinausströmen. Verzeihen Sie sich und den anderen, die Ihre Energie beeinflußt haben:

Ich lasse alles los, was mich einengt.
Ich verzeihe allen, die meinen Energiefluß beeinträchtigt haben.
Ich schicke Liebe und Verständnis zu denen, von denen ich mich nicht
  verstanden fühle.

5

Beten, Segnen, Heilen

Abb. 12: Der Fünfte »Tibeter«

Heute rufe ich an
die Stärke des Himmels,
das Licht der Sonne,
den Glanz des Mondes,
das Leuchten des Feuers,
die Geschwindigkeit des Blitzes,
die Schnelligkeit des Windes,
die Tiefe des Meeres,
die Stabilität der Erde,
die Festigkeit des Steins.

Keltisches Gebet

Bittet, so wird euch gegeben;
suchet, so werdet ihr finden;
klopfet an, so wird euch aufgetan.

Matthäus 7,7

Beten

Das fünfte »Tibeter«-Ritual gleicht einer Niederwerfung im Gebet. Der Körper berührt den Boden, und der Kopf wird aufgerichtet zum Himmel. Schritt für Schritt lernen Sie in diesem Kapitel, den inneren Dialog mit der höchsten Ebene des Seins kraftvoll zu gestalten, um Ihre eigene Heilwerdung und die Ihrer Mitmenschen zu erreichen. Beten, Segnen und Heilen sind Seelenqualitäten des Menschen, die lichtvolle Energien erwirken. Das Gebet ist so alt wie die Menschheit selbst. Der Wunsch und der Glaube an eine höhere, übergeordnete Kraft, die das Menschenleben bestimmt und lenkt, sind in allen Kulturen der Menschheit zum Ausdruck gekommen. Die innere Haltung des Betens wird in der äußeren Haltung der Sammlung, der Demut und der Niederwerfung vor dem Höchsten ausgedrückt.

In allen Religionen, bei den Kelten und Germanen, Griechen und Römern, bei den Azteken und Inkas, bei Ägyptern, Indern und Chinesen, waren die Götter die Lenker des Schicksals, deren Launen, Willen und Macht der Mensch als einzelner oder in der Gruppe ausgesetzt war. Um ein gutes Leben führen zu können, mußten die Götter mit Weihrauch und Opfergabe wohlgestimmt werden.

Da ein einfacher Mensch nicht als würdig angesehen wurde, mit den Göttern zu sprechen, wurde ein «Verstärker» installiert, der mit mehr Glaubwürdigkeit und Kraft diese Bitte des einfachen Menschen an die Gottheit weiterleiten sollte. Es entstand das Berufsbild des Priesters, des Eingeweihten, des Schamanen, des Meisters. In der nachfolgenden christlichen Tradition wurde die Macht, mit Gott in Verbindung zu treten, auf die Priester, Bischöfe und Päpste übertragen.

Ein wesentlicher Schritt auf unserem Weg zur Selbsterkenntnis und Erleuchtung ist, zu erkennen und zu akzeptieren, daß wir göttlichen Ursprungs sind, d.h., wir fordern unser Geburtsrecht, als Kinder mit dem Vater direkt zu reden, zurück. Das ist ein wichtiger Schritt auf dem Weg zur geistigen Selbständigkeit. Ein Gebet ist mehr als das Herunterleiern von Worten. Kaum jemand macht sich Gedanken darüber, wie man richtig und wirkungsvoll betet. Erst in der spirituellen Neuzeit, seitdem die esoterischen Lehren aus dem verborgenen Kämmerlein der Geheimniskrämerei heraustreten in den frischen Wind des Wassermann-Zeitalters, erfahren wir mehr über den kraftvollen Umgang mit dem Gebet.

Wenn der Körper der Tempel des Menschen ist, in dem die Seele wohnt, so muß dieser Tempel auch darauf vorbereitet werden, die Stimme Gottes zu empfangen. Millionen von Bitten und Wünschen schwirren ziellos durch die geistigen Welten, weil kein «Absender» erkennbar ist. Wundert es dann, wenn sich keine Wirkung, keine Erfüllung der Bitte, einstellt? Die stärksten Impulse für den Aufbau eines Gebets erhielt ich aus der hawaiianischen und druidischen Tradition, die von alters her Körper, Gefühl und Vorstellungskraft (Vision) einsetzten, um ein kraftvolles Gebet zu sprechen. Das Aussenden eines kraftvollen Gebetes kann nur erreicht werden, wenn alle Energiefelder des Menschen auf diesen Wunsch oder auf diese Bitte ausgerichtet sind.

Diese Art des Betens geschieht in sieben Schritten:

Einstimmung
Formulierung
Trennung von wirklichen und unwirklichen Wünschen
Absenden des Gebets
Aufladen des Gebets mit Energie
Erwarten des Erfolgs
Huldigung

Sich einstimmen

Bevor ich einen Brief schreibe, muß ich mir im klaren darüber sein, an welche Adresse, an welche Person dieser Brief gerichtet sein soll. Es ist ein bewußter Entschluß, diesen Brief zu schreiben. Dann wähle ich das Schreibgerät und das Briefpapier aus und setze mich an einen Platz, an dem ich ungestört bin. Ich überlege, welche Anrede ich wähle, was mein Anliegen ist und was ich mitzuteilen oder zu fragen habe. Dann erst beginne ich.

Ähnliche Vorbereitungen sollten wir auch bei einem kraftvollen Gebet treffen. Ich wähle einen Ort, an dem ich Ruhe habe, ohne Telefon und sonstige Störungen.

Ein Ort der Ruhe und der Kraft kann überall da sein, wo ich eine meditative, ruhige Stimmung finden und gestalten kann. In früheren Traditionen war es üblich, an einem bestimmten Ort im Haus einen Altar zu haben, ein Feuer, einen heiligen Platz, an dem sich die Familie zum Gebet traf. Ein stilles Plätzchen im Garten oder in der Natur ist ebenfalls eine gute Umgebung für ein Gebet.

Die Baumeister der Dome und Kathedralen waren Meister in der Kunst, Orte der Kraft zu entwickeln und zu bauen. Sie wußten um die Gesetze der Natur. Wer sich mit Geometrie befaßt, weiß, daß alle heiligen Plätze dieser Welt an besonderen Kraftpunkten errichtet wurden. Ob die Pyramiden in Ägypten oder in Teotihuacán, die Steinkreise wie Stonehenge, die Tempelanlagen von Kyoto oder Jerusalem, die Kathedrale von Chartres, die Kirchen des Altertums, heilige Quellen und Berge – sie alle sind Orte der Kraft. Sie liegen auf besonderen Kraftlinien, den Leylines, die die ganze Welt wie ein Gitternetz umspannen und aufladen. An diesen Punkten treffen kosmische Strahlen und positive Erdstrahlung zusammen. Wenn man an solchen Plätzen steht, wird die ganze Körperenergie auf natürliche Weise erhöht, und es fällt den Menschen leichter, ihre Chakras und Energiekörper in Balance zu bringen und in Verbindung mit der geistigen Welt zu treten.

Während meines Aufenthalts bei den philippinischen Heilern in Bagio City spürte ich zum ersten Mal in meinem Leben sehr intensiv die Kraft eines solchen heiligen Ortes. Bagio City ist durch seinen vulkanischen Boden ein Ort der Kraft und wird auch von den philippinischen Heilern deswegen sehr geschätzt. Während der Zeit meines Aufenthalts wurde über mehrere Marienerscheinungen berichtet. Aufgrund von Anweisungen in diesen Marienerscheinungen wurde an einem genau beschriebenen Platz neben einer Quelle am Rande des Flughafens von Bagio City eine kleine Kapelle errichtet mit einer Statue der Mutter Maria. Immer wieder wurden wundersame Dinge berichtet, die sich dort in der kleinen Kapelle zugetragen haben sollten, und so fuhren wir an einem Nachmittag zu dieser Kapelle.

Als wir die Kapelle betraten, hatte ich das Gefühl, in eine andere Welt einzutreten. Hatten wir gerade noch geplaudert und ausgelassen miteinander gesprochen, so umfing uns beim Eintritt in die Kapelle eine Ruhe und eine heilige Stimmung, die jedes Wort sofort verstummen ließ. Mein ganzer Körper wurde von Energie durchflutet, und ich bekam richtige Schweißausbrüche und Herzklopfen. Ich konnte kaum mehr ein Gebet formulieren und hatte ständig das Gefühl, hochgezogen zu werden. Mein Herz öffnete sich, und ein ungeheurer Strom von Liebe und Dankbarkeit durchströmte mich. Ich schwamm in einem Strom der Glückseligkeit. Es war die Kraft des Ortes, die es dem Geist erleichterte, sich mit der Geistigen Kraft, dem höheren Selbst, dem Licht, zu verbinden. Wenn die Verbindung mit der höchsten Ebene des Lichts und der Liebe hergestellt ist, brauchen wir keine Worte mehr. Wir verschmelzen im Einssein.

Um diese Kraft der Energieplätze wußten auch die Druiden, die Schamanen und Eingeweihten von alters her. Ein Mensch, der in der Welt lebt, der mit alltäglichen Dingen beschäftigt ist, braucht Unterstützung, wenn er sich den höheren Energien öffnen will.

Die erste Vorbereitung unseres physischen Körpers auf das Gebet ist die Wahl des richtigen Platzes, eines Ortes, an dem Kommunikation stattfinden kann.

Der nächste wichtige Punkt, den wir beim Beten beachten sollten, ist die richtige Haltung. Es gibt in den meisten Religionen verschiedene Gebetshaltungen, die das Energiesystem in unterschiedlicher Weise beeinflussen. Die Stellung der Füße, die Haltung der Wirbelsäule, der Hände und des Kopfes öffnen oder blockieren die entsprechenden Chakras, lassen Energie einfließen oder grenzen ab. Neulich gab es in unserer Kirche ein stimmungsvolles Konzert mit russischen Künstlern. Es wurde u.a. das «Vaterunser» in russischer Sprache gesungen. Die Kirchenbesucher saßen in den Kirchenstühlen, als es gesungen wurde. Der Gesang hat alle Anwesenden sehr stark berührt, und so wurden immer wieder Zugaben gefordert. Man hat nochmals das «Vaterunser» gesungen, aber diesmal wurden die Gläubigen aufgefordert, aufzustehen. Die Wirkung des Liedes war jetzt ganz anders. Wurde beim ersten Mal der Emotionalkörper berührt, so konnte man im Stehen spüren, wie sich der Reihe nach, von unten nach oben, alle Chakras öffneten. Im «Vaterunser»-Gebet sind Mantras enthalten, die die einzelnen Chakras ansprechen. Dieses Öffnen der Chakras konnte aber nur mit einer geraden Wirbelsäule erfahren werden, was bei den meisten Kirchenbesuchern in der sitzenden Haltung nicht der Fall war.

Die Wirbelsäule ist der physische Kanal für unsere geistige Kraft, die Kundalini-Energie. Wie an einer Perlenschnur sind die Chakras auf ihr angeordnet. So erleichtert eine gerade Wirbelsäule den Fluß der geistigen Energie. Die äußere Haltung unterstützt die innere Einstellung. Mit der Haltung der Hände bestimme ich, ob ich mich öffne oder verschließe. Besonders in der tibetischen und indischen Tradition wird der Haltung der Hände und der Verbindung der einzelnen Finger miteinander eine große Bedeutung beigemessen.

Die Mudras, wie die Fingerstellungen heißen, bewirken einen ganz speziellen Energiestrom. Sie helfen dem Meditierenden oder Betenden, diese Energieform bewußt zu erzeugen. Die tibetische Art des Betens finde ich persönlich sehr eindrucksvoll: Die Hände führen über den Kopf kosmische Energie zum Dritten Auge, dann zum Herzen und bei einer Niederwerfung wird die Erde erst mit den Händen und dann mit dem ganzen Körper berührt.

Das Gebet formulieren

Die Formulierung eines Gebets kann sehr einfach sein. Wichtig ist, daß es aus dem Herzen entspringt. Bevor ich einen Wunsch oder eine Bitte formuliere, soll ich mir darüber im klaren sein, ob ich das Gewünschte wirklich brauche und wie ich damit umgehe, wenn ich es tatsächlich erhalte. Sicher haben wir alle viele Wünsche und Bedürfnisse, die sich aus unserer Lebensweise ergeben. Wir sollten uns bemühen, in dieser Hinsicht erwachsen zu werden. Kleine Kinder kommen ständig mit großen und kleinen Wünschen zu den Eltern, sie wollen alles haben, denn sie können noch nicht unterscheiden, was wirklich notwendig ist und was unnötig ist.

Wirkliche und unwichtige Wünsche unterscheiden

Eine gute Übung, wirkliche von unbedeutenden Wünschen zu trennen, ist folgende Frage:

Was wäre, wenn ich nur noch fünf Jahre zu leben hätte? Welche Dinge sollte ich noch unbedingt erledigen? Schreiben Sie alles auf, was Ihnen dazu einfällt. Was wäre, wenn ich nur noch ein Jahr zu leben hätte? Welche Dinge sollte ich noch unbedingt tun? Schreiben Sie alles auf, was Ihnen dazu einfällt. Was wäre, wenn ich nur noch einen Monat zu leben hätte? Was wäre mir am wichtigsten? Genau darum bitten Sie. Ihr Anliegen, das Sie im Gebet vorbringen wollen, soll kurz und vor allem präzise formuliert werden. Erwarten Sie nicht, daß Gott sowieso alles weiß. Es gibt ein kosmisches Gesetz, wonach wir um die Erfüllung unserer Wünsche bitten müssen. In der Bibel finden wir die klare Anweisung:

«Bittet, so werdet ihr erhört werden,

klopfet an, und es wird euch aufgetan.»

Es ist also eine klare Willensentscheidung unsererseits gefordert. Vergleichen wir dies mit einer Bestellung, die wir aufgeben: Wir brauchen eine genaue Artikelnummer, die Menge oder Größe der Ware und den Liefertermin.

Es wird Sie vielleicht wundern, daß ich diesen Vergleich aus der Geschäftswelt benutze, um den Aufbau eines Gebetes zu demonstrieren. Ein Gebet ist keine Gefühlsduselei, kein Herunterleiern von schönen Worten, sondern ein aktiver, kraftvoller Dialog mit den göttlichen Kräften.

Das Gebet absenden

Bleiben wir bei unserem Beispiel mit dem Brief, den wir verschicken wollen. Wir wissen die Anschrift, wir haben eine klare Vorstellung, was wir wollen. Wir beenden den Brief mit guten Wünschen und verschließen ihn. Wenn der Brief verschickt werden soll, muß er noch mit einer Briefmarke versehen werden. Das entspricht einer energetischen Aufladung. Unser Gebet soll unseren «Absender» haben, d.h. unsere Energie, damit es unterschieden werden kann von allen anderen. Jeder Mensch ist ein Individuum, ein spezieller Ausdruck göttlicher Energie. Unsere Kraft und individuelle Energie ist in den Energiekörpern und in unseren Chakras gespeichert. Die Chakras sind der energetische Fingerabdruck unseres geistigen Potentials.

Das Gebet mit Energie aufladen

Übung

Stehen Sie gerade, mit beiden Beinen auf dem Boden, oder sitzen Sie im Lotussitz mit geradem Rücken.
Atmen Sie tief und ruhig ein, bis sich Ihr Körper und Ihr Geist entspannt.
Öffnen Sie Ihre Chakras, indem Sie folgende Farben visualisieren:

Basis-Chakra	*Rot*
Polaritäts-Chakra	*Orange*
Solarplexus	*Gelb*
Herz-Chakra	*Grün*

Hals-Chakra	Blau
Stirn-Chakra	Indigo
Scheitel-Chakra	Violett

Sie können sich entsprechende Blumen in diesen Farben vorstellen oder Edelsteine vor sich aufstellen, die Sie betrachten. Auch gute Musik kann unterstützend dabei wirken. Der Gebrauch von Mantras, Mudras und Yantras zur Aktivierung der Chakras sollte nur unter der Aufsicht einer darin ausgebildeten Person erfolgen.

Wenn Sie Basis-Chakra, Polaritäts-Chakra und Solarplexus geöffnet und harmonisiert haben, nehmen Sie Ihren Wunsch, Ihr Anliegen, in Ihr Herz. Verweilen Sie dort einen Augenblick.

Stellen Sie sich vor, wie der Inhalt Ihres Gebets auf einem wertvollen Papier geschrieben ist und auf einem kostbaren Tablett liegt. Visualisieren Sie, wie dieser Wunsch Wirklichkeit wird. Setzen Sie alle Ihre Sinne ein, spüren Sie, wie es ist, wenn dieser Wunsch Wirklichkeit geworden ist. Vergessen Sie nicht, sich jetzt, in diesem Augenblick, die Realisation des Wunsches mit all Ihren Sinnen vorzustellen. Tasten Sie, fühlen Sie, riechen und sehen Sie, hören Sie die Erfüllung des Wunsches. Aktivieren Sie alle positiven Gefühle, zu denen Sie fähig sind.

Stellen Sie sich einen Lichtkanal vor, durch den Sie nun Ihren Wunsch hochschicken. Spüren Sie Ihre Energie, die gleich einer Trägerrakete bei Raumfahrten Ihren Wunsch nach oben trägt. Spüren Sie, wie ein Verbindungskanal entsteht. Halten Sie diesen Kanal so lange wie möglich aufrecht.

Formulieren Sie nochmals Ihren Wunsch, und erwarten Sie die Erfüllung.

Den Erfolg erwarten

In der hawaiianischen Sprache gibt es den Ausdruck: «Den Segen des Regens erwarten». Stellen Sie sich vor, die Erfüllung Ihres Wunsches kommt, gleich einem Frühlingsregen, zu Ihnen zurück. Spüren Sie jetzt das Glücksgefühl, wenn die Erfüllung des Wunsches eintritt. Es gleicht dem Gefühl der Erwartung, wenn der Postbote kommt und die bestellte Ware eintrifft. Fühlen Sie sich würdig, daß die Erfüllung Ihres Wunsches jetzt eintritt.

Danken und Huldigen

Übung

Gehen Sie mit Ihrer Aufmerksamkeit in Ihr Herz-Chakra. Öffnen Sie Ihre Hände, empfangen Sie das Geschenk des Himmels. Sprechen Sie einen Dank, eine Huldigung aus für den Segen, den Sie erhalten haben. Nehmen Sie Ihre Energie langsam wieder zurück, Chakra für Chakra nach unten gehend. Bedanken Sie sich auch bei Mutter Erde, die die Materie für die Realisation Ihres Wunsches liefert.

Segnen

Allen Menschen, deren Wohlergehen, Wohlstand und Gesundheit von den heilenden Kräften der Elemente beeinflußt wurden, war und ist es ein Bedürfnis, zu beten und zu segnen.

Einen Segen zu geben ist ein ebenso kraftvolles Ritual wie zu beten. Denn alles, was man aussendet, kommt wieder zurück. Durch das Aussprechen eines Segens wird positive Energie fokussiert, die wir dann an eine Person, einen Gegenstand, ein geplantes Unternehmen (z.B. eine Reise) usw. übermitteln. Wir sammeln fördernde, schützende Energie, die wir mit der Kraft unseres Herzens weitergeben.

Segnen Sie alles, was Ihnen in Ihrem Leben begegnet. Segnen wirkt wie ein gut polierter Spiegel, der alles Licht, das Sie aussenden, reflektiert und verstärkt zurücksendet. Wenn Sie sich wohl fühlen und in den Spiegel schauen, verstärkt das ihre gute Laune, fühlen Sie sich schlecht, nützt auch der beste Spiegel nichts. Genauso ist es mit der Energie, die ich aussende. Ich erhalte das Echo, das sich in den kleinen, alltäglichen Ereignissen zeigt, die auf mich zurückstrahlen.

Erinnern Sie sich: Energie ist grundsätzlich neutral, es liegt an mir, meinen Gedanken und meiner Einstellung, wie ich sie verwende, welche Qualität ich ihr gebe.

Beginnen Sie den Morgen, nach dem Erwachen, damit, den Tag zu segnen. Überlegen Sie, was Sie an diesem Tag Besonderes erreichen wollen, welche Entscheidungen zu treffen sind, welche Gespräche Sie führen werden, welche Arbeiten getan werden müssen. Gehen Sie im folgenden mit Ihrer Aufmerksamkeit in Ihr Herz, fokussieren Sie all Ihr Wohlwollen und Ihre Liebe, und leiten Sie es dorthin, wo Sie Ihren Segen hinbringen möchten. Beziehen Sie in Ihren Segen auch Ihre unmittelbare Umgebung mit ein. Segnen Sie Ihre Eltern, die Ihnen das Leben ermöglicht haben. Segnen Sie Ihren Partner, mit dem Sie Ihr Leben teilen, segnen Sie Ihre Kinder. Segnen Sie auch die Menschen, mit denen Sie nicht zurechtkommen.

Anders als die Naturvölker, die von dem harmonischen Zusammenwirken der Elemente abhängig waren, richtet sich die Aufmerksamkeit des modernen Menschen auf die Dinge des Alltags, die für ihn lebenswichtig sind: eine schöne Wohnung, ein sicherer Arbeitsplatz, ein ausreichendes Einkommen, all die technischen Geräte, die uns das Leben erleichtern. Haben wir je daran gedacht, sie zu segnen?

Wenn Sie Wohlstand und Wohlergehen in Ihr Leben bringen wollen, sollten Sie alles, was damit zusammenhängt, segnen. Jedesmal, wenn Sie an einer Bank vorbeigehen, segnen Sie diese Institution, denn die Banken verwalten das meiste Geld. Wenn Sie in einem Geschäft bezahlen, segnen Sie dieses Geld. Auch wenn Sie Geld erhalten, segnen Sie es. Segnen Sie das Geld, auf daß es zum Wohle der Menschheit auf diesem Planeten verwendet und eingesetzt wird.

Ich habe eine Patientin, die jedesmal, wenn sie das Honorar begleicht, folgenden Segen spricht: «Ich segne dieses Geld, damit es sich bei dir vermehre zum Wohlergehen der Menschheit.» Wenn Sie auf diese Art mit den Banken umgehen, wird sich auch Ihre Einstellung dazu ändern.

Segnen Sie Ihr Haus, Ihr Auto, Ihre Waschmaschine, Ihren Fernseher, alles, was Ihnen Ihr Leben, Ihre Arbeit erleichtert. Ich gestehe gerne, daß ich anfangs etliche Probleme im Umgang mit dem Computer hatte. Immer wieder verschwanden ganze Seiten im Dschungel der verschiedenen technischen Möglichkeiten. Je mehr verschwand, desto wütender wurde ich, und meine Worte, die ich dem kleinen Kasten vor mir entgegenschleuderte, waren nicht gerade schmeichelhaft. Aber nicht der Computer war gestört, sondern meine Beziehung zu ihm, der Energiefluß zwischen uns. Inzwischen habe ich mich mit ihm ausgesöhnt. Ich segne ihn jedesmal, wenn ich ihn einschalte, ich danke für die unzähligen Möglichkeiten, die er mir bietet, für die Zeit, die ich spare, und die Chance, meine Gedanken und Erfahrungen weiterzugeben.

Das Ritual des Segens öffnet unser Herzchakra und bringt somit unsere Liebe zum Fließen. Wir werden ruhig in unserem Herzen, glücklich und zufrieden. Serge Kahili King, einem hawaiianischen Schamanen, bin ich unendlich dankbar dafür, daß er mir den Weg des Segnens gezeigt hat. Durch Segnen entwickelt sich Liebe, und Liebe bedeutet Glücklichsein, Zufriedensein, Verbundensein. Wenn Sie beginnen, Ihr Leben und alles, was damit zusammenhängt, zu segnen, öffnet sich eine Quelle des Glücks. Denn das, was man aussendet, kommt auch wieder zurück. Dies ist ein kosmisches Energiegesetz. Beschließen Sie den Tag mit einer kleinen Rückschau, und segnen Sie die Personen und die Dinge, die Ihnen begegnet sind.

Mit der nachfolgenden Segens-Meditation können Sie Ihren Tag beschließen.

Übung: Die Segens-Meditation

Setzen oder legen Sie sich bequem hin,
   atmen Sie langsam und tief,
   entspannen Sie Körper und Geist.
Gehen Sie mit Ihrer Aufmerksamkeit in Ihr Herz.
Öffnen Sie Ihr Herz, indem Sie sich vorstellen, daß sich eine Rosenknospe langsam entfaltet.
Segnen Sie Ihren Körper, Ihre Organe, damit Sie ihnen Gesundheit und Kraft spenden.
Segnen Sie den Raum, die Wohnung, das Haus für den Schutz und die Geborgenheit, den Komfort, den sie bieten.
Segnen Sie Ihre Nachbarschaft, Ihren Stadtteil, Ihre Stadt, Ihr Land, Europa, den Erdteil, die ganze Erde.

Segnen Sie die Elemente Erde, Feuer, Wasser, Luft,
das Mineralreich, Pflanzenreich, Tierreich, die Menschheit,
Sonne, Mond und Sterne,
Engel, geistige Lehrer und Führer.
Segnen Sie die ganze Schöpfung.
Gehen Sie langsam mit Ihrer Aufmerksamkeit wieder zurück zu
Ihrem Herzen, und schließen Sie vorsichtig die Blütenblätter der
Rose.

Heilen

Heilen heißt lieben. Aus der Kraft des Betens und Segnens erwachsen der Wunsch und die Fähigkeit, zu heilen.

Die Kunst des Heilens besteht nicht aus irgendwelchen Techniken oder Praktiken, Zaubersprüchen oder Pillen, aufwendigen technischen Geräten und Operationstechniken. Sie beruht allein auf der Fähigkeit, zu lieben. Alle negativen Gefühle, wie Haß, Zorn, Eifersucht, Grausamkeit, Selbstgefälligkeit, Habgier, Stolz und Mangel an Vertrauen, Besitzgier, erzeugen disharmonische Energiefelder in unserer Aura. Je öfter ein ungutes Gefühl erzeugt wurde, desto stärker setzt es sich in unserer Aura, in unseren Chakras, in unserem Energiekörper und letztendlich in unserem physischen Körper fest.

Jeder Mensch besitzt die Fähigkeit zu heilen, wenn er lieben kann. Lieben bedeutet hier nicht eine überschwengliche Gefühlsduselei, auch keine Aufopferung, kein Aufzwingen von guten Taten und Gebeten – lieben bedeutet, sich bedingungslos als Energiekanal, als Heilkanal zur Verfügung zu stellen. Wie beim Beten und Segnen ist das Heilen eine bewußte Entscheidung. Überprüfen Sie genau, ob Sie in der Lage sind, nicht nur zu helfen und zu heilen, prüfen Sie auch, ob Sie einer Krankheit gewachsen sind. Heilen erfordert unendlich viel Geduld, Nachsicht, Verstehen, Strenge und auch Kampfkraft. Ihre inneren Kräfte müssen stärker sein als die Krankheit, die Sie behandeln wollen.

Während der letzten 20 Jahre bin ich verschiedenen Heilern aus aller Welt begegnet. Ich lernte viele Betrachtungsweisen, Techniken, Übungen, religiöse Philosophien und Rituale kennen.

Die Quintessenz aller Heilungsrituale war die bedingungslose Liebe. Rudy Jimenes aus Bagio City, in dessen Familie ich einen «Kurs in bedingungsloser Liebe» erfahren durfte, ist ein begnadeter philippinischer Heiler. Ich lebte mehrere Monate in seiner Familie und war täglich bei den Heilhandlungen anwesend. Über viele Wochen konnte ich beobachten, wie Patienten aus aller Welt wieder «heil» wurden an Körper und Seele. Ein wesentlicher Bestandteil seiner Behandlungen waren das Gebet und der Gesang. Oft wurde er gefragt, woher er seine Kraft bekäme. Seine Antwort war stets: «Es ist nicht meine Kraft, die heilt, ich bin nur ein Instrument des Heiligen Geistes.» Er war stets für die Hilfesuchenden da, egal zu welcher Zeit, ohne Unterschied von Rang und Namen. Bedingungslos lieben bedeutet, das eigene Ego zu vergessen. Ein Lied, das wir immer wieder auf den Philippinen sangen, war folgendes Gebet des heiligen Franz von Assisi. Es ist eine Lektion in bedingungsloser Liebe:

O Herr, mach mich zum Werkzeug Deines Friedens:
daß ich Liebe übe, wo man sich haßt,
daß ich verzeihe, wo man sich beleidigt,

daß ich verbinde, wo Streit ist,
daß ich die Wahrheit spreche – wo Irrtum herrscht,
daß ich Glauben bringe, wo Zweifel drückt,
daß ich Hoffnung wecke, wo Verzweiflung quält,
daß ich Dein Licht entzünde, wo Finsternis regiert,
daß ich Freude bringe – wo Kummer wohnt.
Ach Herr, laß Du mich trachten:
nicht daß ich getröstet werde, sondern daß ich tröste,
nicht daß ich verstanden werde, sondern daß ich verstehe,
nicht daß ich geliebt werde, sondern daß ich liebe;
denn:
Wer hingibt, der empfängt,
wer sich selbst vergißt, der findet,
wer verzeiht, dem wird verziehen,
und wer stirbt, erwacht zum ewigen Leben.

Mit der Haltung, die Sie während des fünften »Tibeter«-Rituals einnehmen, können Sie ein persönliches Gebet, einen Segen oder ein Heilungsanliegen zum Ausdruck bringen oder nachfolgendes Gebet sprechen:

Ich danke der Mutter Erde, die mich nährt,
und ich preise den himmlischen Vater für seine Schöpfung.
Mit der Liebe, die aus meinem Herzen strömt,
segne ich alle, denen ich heute begegne.
Möge die Kraft der Liebe alle Lebewesen auf diesem Planten
verbinden.
Amen

6

Die eigene Kraft entwickeln

Abb. 13: Der Sechste »Tibeter«

Abb. 14: Der Sechste »Tibeter«

Die meisten Menschen von heute leben von unterhalb des Zwerchfells, und ihre Energien sind nach außen, in die materielle Welt gerichtet und werden für materielle Zwecke prostituiert. In den kommenden Jahrhunderten wird dies berichtigt werden; die Energien werden verwandelt und geläutert werden, und die Menschen werden immer mehr von oberhalb des Zwerchfells leben. Dann werden sie die Kräfte des lebendigen Herzens, der schöpferischen Kehle und des göttlich gesteuerten Willens des Kopfes zum Ausdruck bringen.

Alice A. Bailey
(Der «Tibeter»)

Das sechste »Tibeter«-Ritual aktiviert die Kundalini-Energie, die innere Kraft. Der Schleier, der das Geheimnis der Kundalini-Kraft Jahrhunderte umhüllte, wird durch die Energie- und Lichtarbeit des neuen Zeitalters mehr und mehr gelüftet. Die Entwicklung der inneren Kraft führt uns von der Entdeckung der eigenen Wurzeln an die selbst erzeugten Begrenzungen, die wir hinter uns lassen können. Wir erkennen hemmende Abhängigkeiten und werden uns der eigenen Individualität bewußt. Die Entdeckung von Talenten und Fähigkeiten erweitert unseren Horizont.

Das sechste »Tibeter«-Ritual wird zum Transformator für innere und äußere Kraftfelder und führt in die kosmische Einheit.

Die eigene Kraft entwickelt sich und drückt sich aus in dem Maße, wie ich bereit bin, sie zuzulassen und anzunehmen. Der Weg der Selbsterforschung und Selbsterkenntnis gleicht dem Besteigen eines Berges. Er geht über Höhen und Tiefen, und oft bleiben wir stehen, verweilen, rasten, betrachten die Umgebung aus einer anderen Perspektive. Manche Hürden überwinden wir schneller und leichter, andere zäh und widerstrebend. Die Entwicklung der eigenen, persönlichen Kraft entspricht diesem Bild der Bergbesteigung. Lassen Sie sich Zeit, bestimmen Sie Ihr eigenes Tempo und folgen Sie Ihrem eigenen Rhythmus. In der esoterischen Szene gibt es immer wieder Modeerscheinungen, Trends, immer bessere und schnellere Techniken, um zur Erleuchtung zu kommen. Prüfen Sie genau, ob eine «spirituelle Neuheit» wirklich in Ihren Entwicklungsplan paßt, ob sie Ihnen entspricht. Lernen Sie, selbst Ihren spirituellen Weg zu bestimmen.

Eines der schwersten Hindernisse auf dem Weg zu größerer Vollkommenheit ist in den indischen Schriften die Unwissenheit. In alter Zeit brauchte ein Suchender Monate oder gar Jahre, um einen Guru zu finden, der ihm Wissen, verpackt in Geschichten, oder nur Andeutungen, vermittelte. Heute ist die Flut der Informationen so groß, daß wir sie kaum mehr bewältigen können. Alles, was esoterisch, d.h. verborgen, verschlossen war, wird mehr und mehr exoterisch, öffnet sich. Natürlich sind die Versuchungen, alles zu testen und probieren, dadurch auch wesentlich größer. Die Form der Wissensvermittlung verändert sich, der Weg zur Erleuchtung wird als ganz schnell und leicht angepriesen. Trotz dieses enormen Tempos kann nur das verinnerlicht werden, was erfahren und erlebt, im eigenen Körper erlöst und erleuchtet wurde. Sogenannte Umwege erweisen sich als die Zwangspause, die notwendig war, um eine tiefere Erkenntnis und Erfahrung zu gewinnen.

Die eigenen Wurzeln finden

Viele, die sich mit esoterischem Wissen beschäftigen, bringen eine gewisse Vorerfahrung aus ihren vorangegangenen Leben mit. Oft ist es so, als ob sie sich an Dinge erinnern, die sie schon einmal gemacht haben. Nach der Frage: «Wer bin ich?»

kommt die nächste Frage: «Woher komme ich?» Es ist die Frage nach dem Ursprung, nach unseren eigenen Wurzeln, nach unserer Vergangenheit. Wie bei einem alten, verstaubten Bild, das möglicherweise mehrmals übermalt wurde, legen wir Schicht für Schicht, Leben für Leben, frei und dringen tiefer in unser ureigenstes Geheimnis vor.

Ausgehend von unseren leiblichen Eltern, deren Eltern und Vorfahren, finden wir zu unserem Ursprung zurück. Wir entdecken Vorlieben oder Abneigungen gegen gewisse Kulturen oder Länder, lieben Musik oder Malerei aus verschiedenen Epochen, haben Neigungen zu bestimmten Sprachen. Beobachten Sie sich einmal selbst, wenn Sie einen Film anschauen. Welche Filme gefallen Ihnen am besten? Wo finden Sie sich wieder? Welche Geschichten, welche Bücher ziehen Sie besonders an. Welche Verkleidung im Fasching fanden sie als Kind besonders interessant? Welche Länder ziehen Sie magisch an?

Um tiefer und intensiver in das Geheimnis der Vergangenheit vorzudringen, empfehle ich Bilderreisen, Hypnose, Trance, Reinkarnationstechniken oder schamanisches Träumen.

Den Horizont erweitern

Man kann über Reinkarnation geteilter Meinung sein, aber es lohnt sich, seinen eigenen Weg zurückzuverfolgen. Überwinden Sie Ihre eigenen Grenzen. Sie selbst sind es, der sich eine Wand von selbsterzeugten Meinungen, Vorstellungen und Isolationen, aufgebaut hat. Und nur Sie selbst sind in der Lage, diese Begrenzung aufzulösen. Die Gedanken sind frei, heißt es in einem Dichterwort, und es gibt nur Hindernisse, die wir uns selbst aufgestellt haben.

Dehnen Sie sich aus, und spüren Sie die Kraft, die zu Ihnen zurückfließt, wenn Sie wieder eine Mauer aus eigenen Gedanken und Vorstellungen abgerissen haben. So wie Kinder, die laufen lernen, lernen auch Sie, durch das Erweitern Ihres bewußten Seins Ihren Horizont auszudehnen über diesen Erdball hinaus bis zu den Sternen und Planeten. Spüren Sie Ihrer geistigen Heimat nach, und Sie werden entdecken, daß alle Wurzeln sich treffen, daß alles aus der Einen Kraft kommt. Wenn Sie diesen Schritt tun können, wenn Sie den Ursprung Ihres Seins entdecken, werden Sie die Kraft des All-eins-Seins spüren. Die Meditation zur kosmischen Einheit zeigt Ihnen einen Weg dazu auf.

Übung: Meditation zur kosmischen Einheit

Setzen Sie sich in einer bequemen Haltung hin.
Der Rücken soll gerade sein,
die Beine berühren den Boden.
Schließen Sie die Augen,
und lassen Sie Ihren Atem ruhig fließen.
Berühren Sie die Erde bewußt.
Stellen Sie sich vor, wie aus Ihrer Wirbelsäule ein starkes Seil
hervorkommt, an dem ein Anker befestigt ist, der tief in die Erde
*   eindringt und sich dort festsetzt.*
Gehen Sie mit Ihrer Aufmerksamkeit in Ihr Herz.
Stellen Sie sich vor, daß Sie immer kleiner werden, so klein wie
*   ein Samenkorn.*
Als Samenkorn werden Sie vom Wind aufgenommen und in
*   die Weite des Kosmos getragen.*
Sie schwimmen im Meer kosmischer Energie.

Sie nehmen diese kosmische Energie in sich auf und beginnen zu wachsen.

Sie werden größer und größer und spüren, daß Sie den Kosmos in sich aufnehmen.

Sie fühlen sich verbunden mit der ganzen Erde, mit der Menschheit, mit Sonne, Mond und Sterne, mit unserer Galaxie. Sie spüren die Einheit mit allen Dingen.

Nach einiger Zeit kommen Sie mit Ihrer Aufmerksamkeit wieder zurück in Ihr Herz.

Lösen Sie den Anker in der Erde,

nehmen ein paar tiefe Atemzüge,

Sie spüren Ihren Körper und sind beim Öffnen der Augen wieder ganz im Hier und Jetzt.

Um die Freiheit mit allen Dingen erleben zu können, müssen wir frei sein. Freiheit bedeutet, selbst entscheiden, frei sein von Begrenzungen und vor allem von Abhängigkeiten und Zwängen.

Abhängigkeiten erkennen

Wir sind alle energetisch miteinander verbunden, ob in der Familie, in der Firma, im Sportverein, in der Gemeinde, in einer Stadt oder einem Land. Jede «Vereinigung» hat einen ganz bestimmten Charakter, eine geistige oder materielle Einstellung, eine Aufgabe und wird von den Menschen, die in ihr tätig werden, geprägt. Die Energien der Menschen geben ihr die eigene Prägung und die Ausstrahlung. Das ist einerseits gut und nützlich, andererseits auch oft belastend.

Die kleinste Gemeinschaft ist eine Partnerschaft, eine Beziehung zwischen zwei Menschen. Diese Beziehung kann nur funktionieren und harmonisch sein, wenn in beiden Menschen etwas gemeinsam schwingt. Je mehr Übereinstimmung vorhanden ist, desto mehr Harmonie entsteht. Das geht gut, solange dieser Zustand erhalten bleibt. Beginnt nun ein Partner, sich anders zu orientieren, verändert sich die Färbung der Energie, die bisher einheitlich war. Es hängt von der Reife, Entwicklung und dem Verständnis beider Partner ab, wie harmonisch die Beziehung weiter verläuft. Angst vor dem Alleinsein, Angst vor Veränderung, Angst vor dem Unbekannten, Angst vor Fortschritt, erzeugt Myriaden verpaßter Gelegenheiten, die eigene Kraft zu leben oder leben zu lassen. Sie ist die Ursache, das Urübel vieler Krankheiten, Sorgen und Leiden.

Die Erziehung zum bedingungslosen Gehorsam gegenüber Erziehungsberechtigten, Lehrern, Meistern oder Vorgesetzten, vermeintlich höher gestellten Personen, brachte ganze Völker dazu, die eigene Individualität aufzugeben für einen angeblich höheren Zweck.

Individualität leben heißt auch, Begrenzungen aufzulösen, die energetisch abhängig machen. Stellen Sie sich die Frage: Wo fühle ich mich eingeengt, wohin kann ich mich in dieser Beziehung, in dieser Gemeinschaft nicht ausdehnen? Was macht mich abhängig, was kann ich alleine nicht erreichen?

Lösen Sie sich, Schritt für Schritt, aus zu engen Umklammerungen auf liebevolle Art. Dazu müssen wir nicht gleich wie ein Krieger in den Kampf ziehen und an vielen Fronten gleichzeitig kämpfen, sondern die Veränderungen können schon im kleinen Kreis begonnen werden. Oft höre ich den Satz: «Was nützt es, wenn ich mich ändere. Die Welt ändert sich doch nicht.» Das stimmt so nicht. Jeder Gedanke, der ausgesandt wird, verändert das Energiefeld der Erde. Jeder

Mensch, der seine Schwingung mit positiven Gedanken und Gefühlen erhöht, verändert die Schwingung der Erde.

Wir können nur uns selbst ändern, den ersten Schritt tun, um unsere eigene Schwingung erhöhen. Wenn viele Gleichgesinnte dasselbe tun, wird dies eine Lawine auslösen, ein Feuerwerk entfachen und die, die noch zögern, mitbegeistern.

Der Mangel an Individualität

Wer ist der Herr in meinem Haus? Bestimme ich, was geschieht, oder bin ich nur Befehlsempfänger einer Person, die es nur gut mit mir meint, die nur mein Bestes will, der ich mich verpflichtet fühle, von der man nicht mehr weiß, wie lange sie noch lebt usw. Endlos lang ist der Katalog der Erpressungsversuche auf die eigene Individualität. «Freiheit, Gleichheit, Brüderlichkeit» haben sich die Kämpfer der französischen Revolution auf die Fahnen geschrieben. Das war der Beginn des Wassermann-Zeitalters. Doch was ist bisher verwirklicht? Jeder Mensch muß diese Ideale in sich verwirklichen. Erst muß ich selbst in meinen Entscheidungen frei sein, muß mich von allen Abhängigkeiten lösen, muß, auch wenn es weh tut, eigene und fremde Mauern sprengen. Diese Wunden, die durch Begrenzung der Individualität gesetzt wurden, kosten Kraft und Energie, und es dauert, bis sie heilen.

Bei dem Prozeß der Ablösung sollten wir vor allem unsere Gefühle, ohne eine Spur von Bitterkeit und Groll, heilen. Transformation heißt das Zauberwort, das hilft, diesen Prozeß erfolgreich zu beginnen. Betrachten Sie es als ein Spiel, in dem wir unseren Mut, unsere Stärke, unsere Liebe und Sanftheit, unsere Ausdauer und Geduld erproben können. Diejenigen, die uns beherrschen, brauchen eine liebevolle Unterstützung, unsere Hilfe und Führung, um die große, universelle Bruderschaft zu erkennen und zu begreifen.

Eine große Hilfe in diesem Transformationsprozeß kommt aus dem Pflanzenreich. Dr. Edward Bach, nach dem die Bach-Blüten-Therapie benannt ist, hat zu der Zeit, als uns Peter Kelder die Energieübungen der Fünf »Tibeter« übermittelte, eine uralte «Sonnenmedizin» wieder in das Bewußtsein der Menschen gehoben. Mit den Schwingungen, die Blüten in ein von der Sonne bestrahltes Wasser abgeben, haben wir von Edward Bach eine energetische Medizin bekommen, die sich vor allem auf den Emotionalkörper heilend auswirkt. Mittlerweile gibt es weltweit Menschen, die dieses Geschenk der Natur dankend annehmen. Überall entstehen Blütenzentren, die die Schwingungskraft der Pflanzen erforschen und anwenden. Ich selbst arbeite seit ca. zwanzig Jahren mit Blütenessenzen, und meine Kinder sind damit groß geworden. In dieser Zeit habe ich keinerlei negative Auswirkung von Blütenessenzen erfahren, im Gegenteil, die kleinen Heiler der Natur sind gerade für eine emotionale Heilung eine große Hilfe.

Jede emotionale Blockade braucht wie jeder Heilvorgang eine spezielle Energie, einen kleinen Anstoß, um wieder in die richtige Schwingung zu kommen. Gerade bei der Aufarbeitung von Ängsten und Phobien, bei Problemen in der Partnerschaft, bei Liebeskummer, Schulproblemen, Eifersucht und Wut leisten Blütenessenzen hervorragendes. Die Blütenessenzen helfen auch bei der spirituellen Entwicklung. Sie nehmen uns keine Entwicklungsschritte ab, sondern geben die Kraft, diese Schritte zu tun, ohne daß dabei Abhängigkeiten entstehen.

Eine sehr wertvolle energetische Therapie zur Unterstützung von Loslösungsprozessen ist die Kunst des Träumens.

Die Kunst des Träumens

In allen schamanischen und erdständigen Traditionen wird dem Träumen eine große Bedeutung beigemessen. Der Traum ist eine andere Wirklichkeit, in die wir gestaltend eingreifen können. Im Traum verändern wir unsere Einstellung zu den Dingen, und es wird uns erstmals möglich, mit neutralen Gefühlen in einer bestimmten Situation zu reagieren. Mit zunehmendem Training im bewußten Träumen fällt es immer leichter, locker und entspannt belastende Situationen zu bewältigen. Beginnen Sie damit, Ihre Träume zu beobachten und sich wieder ins Gedächtnis zu rufen. Setzen Sie vor dem Einschlafen den willentlichen Impuls, sich nach dem Erwachen an den Traum zu erinnern. Greifen Sie in Ihre Träume ein. Wenn Sie z.B. träumen, in eine wilde Verfolgungsjagd verwickelt zu sein, finden Sie im Traum eine Möglichkeit, zu entkommen. Benutzen Sie dabei Ihre ganze kreative Vorstellungskraft. Lassen Sie Ihrer Phantasie freien Lauf. Die Kunst des schamanischen Träumens kann auch von jedem Stadtmenschen erlernt werden. Der Traum wird zur Wirklichkeit. Wir träumen unser Leben, und wir leben unseren Traum.

Kreative Fähigkeiten entwickeln

Ein großes Potential an Kraft und Energie liegt in der Entwicklung kreativer Fähigkeiten. Sei es die Harmonie der Formen oder der Farben, die uns fasziniert und anzieht, oder die

Faszination der Musik, die unser Innerstes zum Schwingen bringt. In Musik und in der Malerei liegt eine heilende Kraft, die uns befähigt, die eigenen Grenzen und Begrenzungen zu überschreiten. Pflegen Sie ein Hobby, in dem Sie sich künstlerisch ausdrücken können. Wagen Sie sich auf künstlerische Pfade, in denen Sie – scheinbar – ungeschickt sind.

In meiner Kindheit wurde leider versäumt, mich mit dem Malen und Zeichnen in Berührung zu bringen. Zeit meines Lebens hatte ich Angst davor, etwas in dieser Richtung zu tun. Es ergab sich die Möglichkeit, bei russischen Heilern einen Kurs in meditativem Zeichnen zu besuchen. Lange zögerte ich, gab mir aber dann doch einen inneren Ruck. Mit der Meditation und inneren Entspannung kam die Ruhe und Gelassenheit, und Zweifel verflogen. Es war, als wenn sich eine innere Quelle öffnet, die jahrelang unter Verschluß lag. Ich malte wie besessen und konnte nicht mehr aufhören.

Der meditative Zustand, in den man sich vor dem Zeichnen begibt, eröffnet einen Zugang zum Unterbewußtsein, in dem alle Gefühle, Emotionen und Erlebnisse gespeichert sind. Durch das Zulassen der inneren Führung entsteht ein Gefühl, als ob der Farbstift in der Hand ein eigenes, selbständiges Leben entwickelt. Es geschieht etwas, das nicht durch den Verstand gewollt oder kontrolliert wird. Drücken sich Wut und Erregung in starken, kräftigen Farben und Formen aus, so wird der Heilprozeß durch sanftes Einfließen von harmonisierenden Farben und Formen eingeleitet. Daß es sich nicht nur um einen willkürlichen kreativen Akt handelt, spürt man an den körperlichen Reaktionen. Ich habe einigen meiner Patienten diese Technik des meditativen Zeichnens beigebracht und bin selbst immer wieder erstaunt, welche heilende, harmonisierende Wirkung erzielt und wie der eigene Heilungsprozeß unterstützt werden kann.

Das innere Kraftfeld entdecken

Wer je die Wohltat einer tiefen Meditation erfahren hat, wird diese Technik ein Leben lang als Kraftfeld der Ruhe und inneren Stille beibehalten. Sie ist eine Quelle der eigenen Kraft und Stärke, sie verbindet uns mit der höchsten Ebene unseres Seins. Wenn die Verbindungsschnüre in die höheren Körper oder Seinsebenen nach und nach gereinigt und aktiviert werden, fließen Wissen, Weisheit, Klarheit und Schönheit in unser Leben. Meditation ist wie das Gebet ein Weg der Selbsterfahrung und Selbstverwirklichung.

«In der Ruhe liegt die Kraft» sagt ein altes, chinesisches Sprichwort. In der Ruhe verbinden wir uns mit unserer eigenen Stärke, und in der körperlichen Aktion drücken wir unsere Kraft aus. Die Kontrolle des Geistes über den Körper wird in allen fernöstlichen Kampf- und Verteidigungstechniken trainiert. Die Mönche des Shaolin-Klosters trainieren durch Meditation ihre geistigen Kräfte, um sie dann im Kung-Fu-Kampf auf körperlicher Ebene auszudrücken. Es wird erzählt, daß die Kung-Fu-Techniken entwickelt wurden, um den Mönchen nach langen Meditationssitzungen zu helfen, den Geist wieder in den Körper zu bringen. Wir sollten lernen, diese scheinbar gegensätzlichen Pole wie Meditation und Körpertraining in unser Leben zu integrieren.

Mit den Übungen der Fünf »Tibeter« haben Sie die Möglichkeit, dies zu tun. Der ruhig fließende Atem, den wir bei den fünf »Tibeter«-Übungen anwenden, bringt uns in einen meditativen Zustand. Es ist auch empfehlenswert, sich vor dem Ausführen der Fünf »Tibeter« einige Minuten zu sammeln und zu meditieren. Nachfolgende Meditationstechniken sollen Ihnen helfen, einen tiefen, ruhigen Bewußtseinszustand zu erlangen.

Übung 1: Still werden

Setzen Sie sich mit geradem Rücken auf einen Stuhl oder im Lotussitz auf den Boden.

Lassen Sie Ihren Atem tiefer und tiefer werden, und entspannen Sie Ihren Körper.

Versuchen Sie, ohne Gedanken zu sein, wie Wasser in einem ruhigen, unbewegten See. Wenn ein Gedanke kommt, stellen Sie sich vor, er sei wie ein Stein, der in die Tiefe des Sees sinkt. Rezitieren Sie still ein Mantra, oder sprechen Sie den Namen Gottes. Versuchen Sie nicht mit Anstrengung, die kommenden Gedanken wegzuschicken, sondern tun Sie das in einer ruhigen, sanften Art.

Wenn Sie die Meditation beenden wollen, atmen Sie einige Male tief durch, dehnen und strecken Sie sich, nehmen Ihren Körper wieder bewußt wahr und öffnen die Augen.

Beginnen Sie mit dieser einfachen Meditation erst für ein paar Minuten täglich, und steigern Sie sie langsam auf etwa 20 Minuten.

Übung 2: Die Kerzen-Meditation

Sie sitzen bequem und entspannt auf einem Stuhl oder im Lotussitz auf dem Boden. Sie beobachten Ihren Atem, wie er kommt und geht. Vor Ihnen steht eine brennende Kerze, wenn möglich in Augenhöhe.

Versetzen Sie Körper und Geist mit Hilfe Ihres Atems in einen angenehmen, entspannten Zustand.

Betrachten Sie das Licht der Kerze, und nehmen Sie die Kraft, die Wärme und den Duft, der von ihr ausgeht, wahr.

Spüren Sie das Licht der Flamme in Ihrem Dritten Auge.

Lassen Sie das Licht und die Wärme durch Ihren ganzen Körper strahlen. Dabei können Sie die Augen schließen.
Wenn Sie die Meditation beenden wollen, atmen Sie tief durch, dehnen und strecken Sie sich, öffnen die Augen und nehmen Ihren Körper wieder bewußt wahr.

Übung 3: Die Rosen-Meditation

Für diese Meditation benötigen Sie eine Rose.

Sie sitzen bequem und entspannt auf einem Stuhl oder im Lotussitz auf dem Boden und halten eine Rose in den Händen.
Bringen Sie durch Ihren sanften Atem Ihren Körper zur Ruhe.
Betrachten Sie die Rose so, als ob Sie einen geliebten Menschen betrachten würden.
Nehmen Sie die Farbe, die Form und den Duft wahr.
Atmen Sie den Duft der Rose sanft ein. Wiederholen Sie dies immer wieder, bis Sie spüren, daß sich Ihr Herz weit öffnet und der einströmende Duft Ihren ganzen Körper erfüllt. Am Ende der Meditation bedanken Sie sich bei der Rose, stellen sie zurück in die Vase, atmen tief durch, dehnen und strecken sich.

Orte der Stille

Ziehen Sie sich, so oft es möglich ist, aus dem Lärm und der Hektik der Welt zurück. Wenn es Ihre Zeit erlaubt, begeben Sie sich an einen stillen Ort. Es gibt Klöster, in denen man für kurze Zeit wohnen kann, oder genießen Sie die Ruhe einer einsamen Berghütte oder eines Sees. Selbst in der Großstadt bieten sich Möglichkeiten, sich in die Ruhe zurückzuziehen.

Lernen Sie wieder, die Ruhe und Stille zu ertragen. Ich wünsche mir von meiner Familie ab und zu einmal ein paar Tage, an denen ich völlig allein sein kann, in denen ich nur meinem Rhythmus und meinen augenblicklichen Gefühlen unterworfen bin. Nur in der Ruhe und Stille kann man sich wieder selbst finden. Richten Sie in Ihrem Tagesablauf Oasen der Stille, der Ruhe und Meditation ein. Wann immer Sie Gelegenheit haben, genießen Sie die Stille in der Natur.

Äußere Energiequellen erschließen

Es gibt eine Fülle von Energiequellen, sie müssen nur entdeckt und erschlossen werden. Die reinsten Qualitäten an Energie finden wir in der Natur. Wenn Sie häufiger die Rosen-Meditation geübt haben, werden Sie in der Lage sein, sehr schnell die Energie von Blumen und Bäumen für sich nutzen zu können. Spielen Sie mit allen Dingen, die Ihnen im Laufe des Tages begegnen, und Sie werden merken, daß Sie ständig von Energiequellen umgeben sind und diese für sich nutzen können.

Sexuelle Kraft und spirituelle Entwicklung

Kaum ein anderes Thema hat die Gemüter in esoterischen Kreisen so erhitzt wie die Frage nach dem Zusammenhang von sexueller Kraft und spiritueller Entwicklung. Besonders die prüden Glaubensmuster der vergangenen Jahrhunderte haben ein Bild gezeichnet, daß Sex schlecht und Enthaltsamkeit die Fahrkarte in den Himmel sei. Sexuelle Energie ist – wie alle Energie – neutral. Durch den Zustand, den Grad der

Bewußtheit, mit dem sie eingesetzt wird, entsteht die Qualität. Sexualität und spirituelle Entwicklung haben vieles gemeinsam. Beiden wohnt ein Feuer, eine treibende Kraft inne, die Hingabe und Verschmelzung entwickelt und Erfüllung und Ekstase erzeugt. Das Spiel von Yang und Yin, von Himmel und Erde, von männlich und weiblich, schmilzt zu einem einheitlichen Sein zusammen.

In alten Traditionen wurde ursprünglich die Sexualität als eine Art Hilfsmittel betrachtet, um schneller ans spirituelle Ziel zu kommen. Die einen waren der Meinung, durch Enthaltsamkeit und Entbehrung den Weg zu finden, die anderen benutzten – z.B. in taoistischen Praktiken und im Tantra – die Sexualenergie, den Orgasmus, als zusätzlichen Energieschub, um ekstatische Gotteserfahrungen zu machen. Der Weg der Mitte scheint der bessere zu sein: Im Leben stehen – das heißt, eine natürliche, auf Respekt und Liebe gegründete Sexualität pflegen und sich der spirituellen Weiterentwicklung widmen.

Wenn in den Seminaren die Sprache auf die sechste »Tibeter«-Übung kommt, entstehen immer wieder Verwirrungen und Ungereimtheiten. Manche meinen, man müsse im Zölibat leben, wenn man die Übung macht, andere, frisch verheiratet, praktizieren bewußt diese Übung und erleben eine sehr feine, harmonische Sexualität, andere spüren keinerlei Veränderung.

Die sechste «Tibeter-Übung» entspricht einer Yogaübung, die das Aufsteigen der Kundalini-Energie unterstützen soll. Es erscheint mir sinnvoll, diese Übung genau unter diesem Gesichtspunkt zu betrachten. Da jedoch der Umgang mit der Kundalini-Energie nur aus Erfahrung beschrieben werden kann und es eine Weile dauert, bis man zu diesem Entwicklungsschritt gereift ist, gibt es nur sehr wenige gut beschriebene Berichte zu diesem Phänomen.

Spirituelle Entwicklung und die Kundalini-Energie

Die göttliche Kraft,
Kundalini leuchtet
wie der Stengel eines jungen Lotus;
wie eine Schlange, in sich zusammengerollt,
hält sie den Schwanz im Mund
und liegt da, ruhend, im Halbschlaf
an der Wurzel des Körpers.

Yoga-Kundalini-Upanishad

Die meisten Berichte zur Kundalini-Energie stammen aus Indien. Viele Darstellungen erscheinen jedoch oft unrealistisch und verworren. Auch in anderen Kulturen finden wir Hinweise, daß die Erfahrungen mit dem «Schlangenfeuer», mit der Schlangenenergie bekannt waren. Die Mayas haben die gefiederte Schlange häufig abgebildet, die Indianer kennen spezielle Schlangenübungen, bei den Kelten kommt das Schlangensymbol in Siegeln und Schmuckstücken vor.

Auch C.G. Jung hat sich mit diesem Phänomen auseinandergesetzt, dessen Hervortreten so unberechenbar wie die Schlange selbst ist. Manche Yogis verbringen Jahre der Askese in Erwartung der Kundalini-Erweckung. Andere haben in der Kindheit Kundalini-Erlebnisse, ohne sie im geringsten erwartet oder angestrebt zu haben, andere wissen gar nicht, daß es sie gibt.

Die Phänomene, die bei einer Kundalini-Erfahrung auftreten, werden von jedem Menschen anders erlebt. Die Stärke und Qualität der Erfahrungen hängen von seinem Temperament, dem Bewußtseinszustand, in dem er sich befindet, und auch von seinem spirituellen «Alter» ab. Sicher spielt auch die Erwartungshaltung eine große Rolle.

Die Kundalini-Energie wird auch als Schlangenkraft bezeichnet. Sie liegt, nach Auffassung der indischen Yogis, einer Schlange gleich am untersten Punkt der Wirbelsäule, an der Steißbeinspitze. Durch bestimmte Yogahaltungen, Atemtechniken und durch Steigerung der Energie, entfaltet sich die Kundalini-Energie und steigt im Wirbelkanal hoch bis zum Scheitel.

Das Hochsteigen der Energie kann in Etappen geschehen, sanft, zart und angenehm. Es kann aber auch vorkommen, daß dies plötzlich geschieht und mit vielen körperlichen Sensationen, wie Schweißausbrüchen, extremer Wärme, Kälte, Schüttelzuständen, Schmerzen, Lichtexplosionen im ganzen Körper und ekstatischen Zuständen einhergeht. Das Emporsteigen der Kundalini kann ein einmaliges Erlebnis sein, kann sich aber genauso in Jahren und Jahrzehnten vollziehen.

Diese Phänomene können sich auch bei Menschen ereignen, die sich keinen spirituellen Praktiken unterziehen. Viele können über ihre Erfahrungen nicht reden und verschweigen sie aus Furcht, für verrückt erklärt zu werden. Manche Insassen von psychiatrischen Anstalten sind nicht zuletzt deswegen da, weil kein Arzt oder Therapeut in der Lage war, spirituelle Phänomene von psychischen Erkrankungen zu unterscheiden. In Amerika wurde von Stanislav Grof eine Hilfsorganisation (*Spiritual Emergency Network*) ins Leben gerufen, die den Menschen hilft, die mit spirituellen Phänomenen nicht zurechtkommen. (Die Adresse der deutschen Organisation lautet: SEN Deutschland e.V., Wendlinger Straße 32a, 79111 Freiburg.)

Die Erweckung und Aktivierung der Kundalini ist mit einem alchemistischen Prozeß zu vergleichen. So, wie ein Edelstein erst durch das Schleifen der Facetten seine Brillanz erhält oder Gold durch den Schmelz- und Läuterungsprozeß im Feuerofen seinen Glanz, reinigt die Kraft der Kundalini die geistigen Energiebahnen von allen Schlacken. Das kann auf der körperlichen Ebene zu unangenehmen Begleiterscheinungen führen. Da jeder Mensch diese Ereignisse anders erlebt, ist es schwierig, eine allgemeine Erklärung abzugeben. Es ist genauso wie beim Sex -- wer noch nie einen Orgasmus erlebt hat, kann es sich, auch bei noch so schöner Beschreibung, nicht genau vorstellen -- er muß es selbst erleben.

Ich habe in meinem Leben bisher neben mehreren kleineren Erlebnissen drei große Kundalini-Erfahrungen gehabt, die ich hier kurz erwähnen möchte, um einige Phänomene aufzuzeigen, die beim Aufsteigen der Kundalini-Energie auftreten können.

Die erste Erfahrung machte ich nach einer Sufi-Meditation. Ich hatte damals noch keinerlei Meditationserfahrung, noch wußte ich, daß es eine Kundalini-Energie gab. Bei jedem Atemzug entstand ein Gefühl der Wärme und Leichtigkeit, und plötzlich schoß, wie ein glühender Pfeil, eine Energie aus meinem Steißbein die Wirbelsäule hoch, über meinen Kopf hinaus. Es folgten wunderbare Lichterfahrungen, und ich lag stundenlang in einem Meer von Wonne und Glückseligkeit. Ich sprühte vor Energie und brauchte drei Tage lang keinen Schlaf. Das ist recht ungewöhnlich, und ich begann mich zu fragen, ob ich noch ganz recht im Kopf sei. Gottseidank hatte ich damals meinen Freund, den Töpfer, der mich entsprechend aufklärte und mir die Furcht vor diesem Phänomen nahm.

Die zweite Kundalini-Erfahrung ereignete sich während einer Einführung in die Siddhi-Techniken nach Maharishi Mahesh Yogi. Bei der Erlernung der sogenannten «Flugtechnik», d.h. der Siddhikraft zur Überwindung der Schwerkraft, wurden wir mehrere Tage in einer Gruppe von ca. 500 Meditierenden auf die neue Siddhi-Einweihung vorbereitet. Wir waren in einem Hotel an der Ostsee untergebracht und meditierten dort vierzehn Tage. Als wir die neuen Sutren, die das Flugphänomen auslösten, erhalten hatten und sie nun anwenden konnten, verspürte ich dieses Mal einen eiskalten Stoß in der Steißbeingegend, und wie ein Pfeil aus Eis zischte die Energie durch meine Wirbelsäule. Als ich die Augen öffnete, befand ich mich plötzlich an einer ganz anderen Stelle als vorher. Das war meine erste Erfahrung damit, den Körper nur mit der Kraft des Geistes fortzubewegen.

Die dritte Erfahrung ereignete sich während meiner Qi-Gong-Ausbildung. Der Qi-Gong-Meister vertrat die Auffassung, daß Qi-Gong-Erfahrung erst einmal weh tut, und so war es dann auch.

Ich verbrachte mit meiner Familie einige Tage bei einer Freundin, die auch Qi-Gong praktizierte. Während dieser Ferien wachte ich nachts immer wieder auf und wurde geschüttelt wie bei einem Erdbeben. Doch keine andere Person spürte irgend etwas. Zu Hause angekommen, wiederholte sich dieses Schütteln immer stärker. Eines Abends lag ich schon im Bett und machte noch einige Qi-Gong-Übungen. Plötzlich fing mein ganzer Körper an, sich wie wild zu schütteln und zu zucken. Ich hatte keine Kontrolle mehr über meine Beine und Arme. Egal, welche Stellung ich einnahm, es schüttelte mich hin und her. Mein Mann holte Notfalltropfen, mal kalte Tücher, mal Wärmflaschen und Decken – doch nichts half. Mein Körper tat fürchterlich weh, ich lachte und weinte im gleichen Augenblick, dann war ich wieder völlig versunken. Das ging so über mehrere Stunden und fand schließlich mit einer starken körperlichen Entleerung sein Ende.

Den nächsten Tag verbrachte ich schlafend, ohne Nahrungsaufnahme, im Bett. Als ich wieder erwachte, war mein Körper ermattet, wie nach einer anstrengenden Bergtour, zugleich hatte ich das Gefühl, wie neugeboren zu sein. Die spirituellen Erfahrungen, die ich machte, unterschieden sich sehr von den vorherigen Kundalini-Erfahrungen. Die Sensitivität in allen Bereichen nahm stark zu, und die Wahrnehmungsprozesse waren viel intensiver. Aufgrund dieser Erfahrungen fing ich an, meine eigene, innere Meisterschaft anzunehmen und zu entwickeln.

Jahre sind seitdem vergangen, und die Kundalini-Energie nehme ich heute als eine sehr stärkende, energetisch ausgeglichene Energie wahr, die durch meine Wirbelsäule fließt. Aber in den Zeiten, in denen ich mich verändere und umstrukturiere, wenn sich durch die intensive Chakra-Arbeit, die ich mache, die Energieschwingung der Chakras verändert, schüttelt es mich wieder ein wenig. Dann zeigt mir meine Kundalini, in welchen Körperbereichen ich gerade nicht besonders «durchgängig» bin.

Wie bereits gesagt, kann die Erweckung der Kundalini-Kraft völlig verschiedene Formen haben. Ausdrücklich warnen möchte ich vor übereifrigen Handlungen und vor dem Aufputschen der Kundalini, was dann zu komplizierten Störungen führen kann. Hüten Sie sich vor sogenannten Meistern, die die Chakras öffnen und Ihre Evolution vermeintlich beschleunigen können. Es sind meistens «Energieräuber», die sich auf Kosten anderer energetisch ernähren.

Sie selbst sind der Meister über Ihre Energien, und Sie selbst bestimmen, was mit Ihrer Energie geschieht, in welcher Art und Weise und in welchem Tempo. Vertrauen Sie Ihrer eigenen, inneren Weisheit, Ihrem inneren Ratgeber, und Sie werden genügend Chancen und Gelegenheiten bekommen, sich zu öffnen.

Wenn Sie bereit sind für das sechste »Tibeter«-Ritual, dann machen Sie sich bewußt, daß Sie in diesem Ritual mit der Kundalini-Energie arbeiten. Durch das bewußte Ausatmen und die Atempause danach entsteht ein innerer Sog, gleich einer Pumpe, die die schlafende Energie am Ende der Wirbelsäule wachrüttelt. Stellen Sie sich vor, daß die Energie, wie bei einer kleinen Quelle, langsam nach oben sprudelt, sanft und angenehm. Ihre Vorstellungskraft ist es, die die Qualität der Energie formt und bestimmt.

7

Meisterschaft leben

Die neueste Ausgabe der Fünf »Tibeter« enthält wiederentdeckte Aufzeichnungen des Colonel Bradford über die Kraft des Wortes und die Anwendung des Schöpfungsmantras OM. Im Kapitel über die Magie des Klangs fordert Bradford dazu auf, uns über die Kraft der Worte, die wir aussenden, bewußt zu werden. Wie aus der Einleitung zu erfahren ist, ist dieser Text schon 60 Jahre alt. In dieser Zeit hat sich eine ungeheuere geistige Revolution ereignet. Diese schnelle Entwicklung haben wir einem kleinen Kreis von Wegbereitern zu verdanken, darunter auch Peter Kelder, der in seinem Himalaja-Club die Übungen der Fünf »Tibeter« als Quelle des Jungbrunnens einem größeren Kreis von Interessenten übermittelt hat. Viele kleinere Gruppen haben begonnen, ihre persönliche Energie, ihr eigenes Kraftfeld zu erweitern, und mit den Schwingungen, die sie ausstrahlten, andere aktiviert.

Wir alle schwimmen in einem Meer von Energie, und je nachdem, wohin uns unsere Energie treibt, kommen wir mit verschiedenen anderen Energiebewegungen, Wellen gleich, in Berührung. Für die Pioniere der geistigen Erneuerung mag es noch mühsam gewesen sein, sich diese neuen Energiequellen zu erschließen. Inzwischen sind Begriffe wie Meditation, Chakras, Kundalini keine exotischen Worte mehr, sondern bekannte Termini in der spirituellen Literatur.

Wir ernten jetzt die Früchte dieser Arbeit und erleben, wie «erleuchtend» es sein kann, sich in der Gemeinschaft Gleichgesinnter zu befinden. Es fällt jetzt auch leichter, die spirituellen Erfahrungen und Erkenntnisse in den Alltag zu integrieren. Vor Jahren waren z.B. Vegetarier für eine breite Masse noch Exoten, jetzt gibt es schon Hunderte von vegetarischen Restaurants, und selbst Modejournale gehen auf die neue «Welle» ein. Viele Zeitschriften haben auch für die Fünf »Tibeter« ihr Interesse bekundet und darüber berichtet. Selbst die Kirchen öffnen sich dem neuen spirituellen Trend, wenn auch zögernd.

So sind auch die Fünf »Tibeter« für viele schon fast zu einem Synonym für Vitalität und Energie geworden. Eine große Zahl von Himalaja-Clubs haben sich gebildet, in denen gemeinsam an der geistigen Entwicklung gearbeitet wird.

Spirituelle Erkenntnisse in den Alltag integrieren

Das Bibelwort: «Einer trage des anderen Last» könnte man jetzt umformen in «Einer trage des anderen Licht». Durch die Arbeit an unseren Blockaden, durch ein behutsames, stetiges Öffnen der Chakras, erhöhen wir unser Energieniveau, unser Licht, und entwickeln uns vom Lichtträger zum Lichtarbeiter. Lichtarbeiter unterstützen sich gegenseitig, stärken und trösten einander während Krisen- und Konfliktzeiten und helfen, neue Lichter anzuzünden. Durch die Klärungsarbeit reinigen sich die Chakras, und der Körper jedes einzelnen wird lichtdurchlässiger.

Weltweit werden Lichtfeste organisiert, so z.B. die Harmonische Konvergenz oder das 11:11-Lichtfest. Es sind dies besondere kosmische Ereignisse, Öffnungen in der Lichtaura der

Erde, besondere außergewöhnliche Konstellationen, die das Schwingungsfeld der Erde erhöhen. In dem Maße, wie wir uns entwickeln, entwickelt sich auch die Erde. Unser ganzes Sonnensystem ist ein einheitlicher Planetenkörper, der kosmischen Gesetzen und einer geistigen Evolution unterliegt. «Wie oben, so unten» lautet ein kosmisches Gesetz, das uns Pythagoras gelehrt hat. Durch die spirituelle Entwicklung und Neuausrichtung entstehen neue Gemeinschaften, neue geistige Familien.

Das, was wir in Kursen erlernt und geübt haben, diese Samen, die gelegt wurden, fangen jetzt an, im Alltag zu sprießen und tragen Früchte. Das, was wir in unseren geistigen Gemeinschaften vorbereitet wurde, können wir nun in der Praxis umsetzen. All die Übungen, die ich Ihnen in den letzten Kapiteln vorgestellt habe, helfen Ihnen, Ihr Kraftpotential zu stärken. Fangen Sie an, Ihren Atem einzusetzen, um Ihren Geist und Ihren Körper zur Ruhe und Harmonie zu bringen.

Wenn Sie diese Technik oft genug in einer ruhigen, stillen und angenehmen Atmosphäre geübt haben, fällt es Ihnen leichter, es auch einmal im größten Verkehrs-Chaos zu versuchen. Sie werden erstaunt sein, wie leicht und locker Sie damit umgehen können. Schulen Sie vor allem Ihre Vorstellungskraft. Sie können damit wirklich Berge versetzen. Das höhere Selbst, die «innere Intelligenz», reagiert äußerst sensibel auf die inneren Bilder, die wir ihm senden.

Das Beobachten und Verändern unserer Gedanken und Wünsche verändert auch unser Energiefeld. Es gleicht einem Begradigen von Flüssen oder Straßen, wenn wir unsere Denkweise positiver gestalten. Wenn wir oft genug die gleiche Straße oder Schiene benutzen, in die wir unsere Gedanken lenken, kreiert unser höheres Selbst diese Situation auch im Alltag.

Eine ältere Dame, mit der ich schon viele Jahre bekannt bin, ist sehr der katholischen Tradition verbunden, aber auch neugierig auf das Neue, das aus der spirituellen Ecke kommt. Sie ärgerte sich immer sehr über die wenigen Parkplätze in meiner Straße. Wir diskutierten lange über die Macht der Gedanken und die Möglichkeit, mit Gedankenkraft die Wirklichkeit zu verändern. Sie meinte, diese Einstellung sei Teufelszeug und mit dem Glauben nicht vereinbar. Da kam mir die Idee mit dem «Parkengel». Ich empfahl ihr, vor jeder Abfahrt mit dem Auto einen speziellen Engel, den Parkengel, zu bitten, vor meiner Haustüre einen Parkplatz bereitzuhalten. Und es klappte vorzüglich. Das «Parkengelprojekt» wurde nun auf die ganze Stadt ausgedehnt, und es funktioniert immer.

Eine andere Dame litt häufiger unter unerklärbaren Spannungs- und Unruhezuständen, besonders in der Nacht. Durch das Meditative Zeichnen, das sie von mir erlernte, kann sie sich selbst helfen, indem sie durch den meditativen Zustand, in den sie sich vor dem Zeichnen setzt, ihren Geist beruhigt. Es entstehen wunderbare Bilder, die, mit kleinen Kommentaren versehen, wie ein energetisches Tagebuch sind. Durch die Kraft der Gedanken werden unsere intuitiven Fähigkeiten wie Hellsichtigkeit, Hellfühligkeit, Telepathie, Astralreisen und Channeling enorm gefördert.

Je öfter wir solche Ereignisse erleben, um so normaler und alltäglicher werden sie für uns. Jeder Mensch hat diese Fähigkeiten, sie müssen nur entwickelt werden. Es heißt, daß wir nur ca. zehn Prozent unserer geistigen und körperlichen Fähigkeiten nutzen. Wir sollten unsere geistigen Fähigkeiten genauso trainieren wie unsere körperliche Fitneß.

Nützen Sie jeden freien Augenblick für energetische Übungen. Verbinden Sie die Übungen mit einer positiven

Programmierung. Wenn Sie morgens aufwachen, weihen Sie diesen Tag einem besonderen Ziel, das Sie erreichen wollen. Zum Beispiel: «Ich weihe diesen Tag der Schönheit in meinem Leben.» Sprechen Sie diesen Satz laut und deutlich. Dann beobachten Sie alle Dinge, die schön sind, und verstärken diese Beobachtungen durch den Segen, den Sie erteilen. «Ich segne die Schönheit dieser Blume, die Schönheit dieser Bilder, die Schönheit der Sonne, die Schönheit einer Person, die Schönheit meines Körpers, die Schönheit eines Gebäudes, eines Gegenstandes.» Wenn Sie dies einige Zeit lang tun, wird sich die Schönheit mehr und mehr in Ihrem Leben manifestieren. Nehmen Sie Kontakt mit schönen Dingen auf, und ziehen Sie diese Energie in Ihr Leben hinein. Lassen Sie die Schönheit einer Rose durch Ihren Körper fließen oder die Kraft eines Baumes. Überall liegt Energie, die nur aktiviert werden muß.

Verbinden Sie alltägliche Verrichtungen und Energiearbeit. Stellen Sie sich vor, Sie stehen im Stau und der Verkehr fließt nur stückchenweise. Es bleibt Ihnen nichts anderes übrig, als zu warten. Sie können nervös auf Ihr Lenkrad klopfen, die Hupe betätigen oder aber die Zeit nutzen. Werden Sie Ihres Atems gewahr, dann beginnen sich Körper und Geist zu beruhigen. Stellen Sie sich vor, wie sich der Stau auflöst. Üben Sie in der Zeit den «inneren Kreislauf», visualisieren Sie Farben, singen Sie ein Lied, stellen Sie sich einen Platz in der Natur vor, an dem Sie sich wohlfühlen, und spüren Sie stärkende Energie in sich fließen. Programmieren Sie ihre nächsten Schritte, Telefonate und Gespräche, die Sie heute noch führen, mit positiven Gedanken und Gefühlen. Je öfter Sie dies tun, um so intensiver wirkt die Energie. Benutzen Sie selbst Hausarbeiten wie Geschirrspülen, Wäschewaschen und Bügeln, Staubsaugen usw. für energetische Übungen. Während Sie am Bügelbrett stehen, können Sie über Ihre Füße in Kontakt mit der Erdenergie treten, beim Geschirrspülen den «inneren Kreislauf» üben, beim Treppenputzen gedanklich ein Gespräch vorbereiten.

Träumen ist eine andere Form des Denkens und Visualisierens. Im gelenkten Traum fließen Gedanken, Gefühle, Formen und Farben leichter und unbeschwerter, sind einfacher zu lenken. Vergessen Sie nie, all Ihre Sinne und Ihren Körper mit einzubeziehen. Leben Sie ganz im Hier und Jetzt, in der Gegenwart. Lassen Sie das Vergangene dort, wo es war, in der Vergangenheit.

Ein wesentliches Merkmal des Alterungsprozesses ist die Verhaftung mit der Vergangenheit und das «Nicht-präsent-Sein» im Augenblick, in der Gegenwart.

Wir prägen hier und jetzt die Auswirkungen unserer Gedanken für die Zukunft. Nur in dem bewußt gestalteten Augenblick können wir Gedankenmuster und Emotionen transformieren. Deshalb ist es von so großer Wichtigkeit, achtsam mit Gedanken, Worten und Taten umzugehen. Der Kraft des Augenblicks liegt eine große Magie zugrunde, eine Energie, die sehr schnell verändern, transformieren und Einzigartiges schaffen kann. Ein einmaliger, zündender Gedanke, spontan in die Wirklichkeit umgesetzt, bringt reichen Segen.

Wenn ich alles auf morgen oder übermorgen verschiebe, schwäche ich die Energie des ersten Augenblicks und verschenke sie. Sie verpufft sinnlos.

Das Leben selbst gestalten

Werden Sie selbständig. Lösen Sie sich von Abhängigkeiten, von Meistern, Lehrern und Gurus. Nehmen Sie das Wissen, das sich anbietet, kritisch an, und überprüfen Sie, ob es sich in Ihrer Realität verwirklichen läßt. Übernehmen Sie nicht blind Glaubenssätze und Meinungen, die vielleicht für andere Menschen gut sein können, aber nicht für Sie.

Ich kenne einen Heiler, der wirklich Außerordentliches leistet für das Wohl der Menschen, die zu ihm kommen, und ich bin ihm sehr dankbar für das Training und die Heilung, die ich bei ihm erleben durfte. Sein Glaubensbild ist vorwiegend von einer bestimmten Glaubensrichtung des Islam geprägt. Er erwartete beispielsweise, daß Frauen ein Kopftuch tragen sollten. Das Kopftuch sollte die Frauen bei der Heilung vor Haarausfall schützen, wenn Energie durch das Scheitel-Chakra in den Körper einfloß. Obwohl ich ihn sehr schätze und viel von ihm gelernt habe, konnte ich diese Auffassung nicht in mein Leben integrieren, da ich einfach andere Erfahrungen gemacht habe. Daraus habe ich wieder einmal gelernt, wie sehr sich jeder Mensch durch Überzeugungen und Denkmuster seine eigene Welt, seine individuelle Realität schafft.

Der Entwicklungsstand der einzelnen spirituellen Fähigkeiten kann unterschiedlich sein. Es ist für manche Menschen ganz leicht, die Farben der Aura zu lesen. Die Fähigkeit des Auralesens ist eine spirituelle Qualität, die sich im Laufe der verschiedenen Inkarnationen entwickelt hat. Das heißt aber nicht, daß dieser Mensch besonders «weit» spirituell entwikkelt sein muß. Lassen Sie sich von solchen Ereignissen nicht sonderlich beeindrucken. Sie sind Durchgangsstadien, die wir als spirituelle Phänomene bezeichnen. Interessant und wichtig ist, wie dieser Mensch seine Fähigkeiten für die Gemeinschaft einsetzt und wie er sein Leben gestaltet. Es ist nicht allzu schwer, Guru zu werden. Die Menschen sind immer wieder fasziniert von außersinnlichen Ereignissen und setzen das mit spiritueller Entwicklung gleich. Lernen Sie zu unterscheiden. Ein wahrer Meister geht mit seinen Fähigkeiten nicht hausieren.

Die spirituellen Entwicklungsschritte

Wenn wir beginnen, zu meditieren und geistige Übungen zu praktizieren, tauchen wir in neue Welten ein. Wir gehen über uns hinaus, transzendieren zuerst uns selbst. Wir blicken über unsere alltägliche Welt hinaus, erfahren andere Bereiche und Dimensionen. Dann kommen wir in Kontakt mit der astralen Welt, mit all ihren außersinnlichen Sensationen und Phänomenen. Es entwickeln sich Fähigkeiten, Talente, die uns von anderen Menschen unterscheiden.

Hier lauern Illusionen, Prüfungen, spiritueller Stolz und Abhängigkeiten. Wenn wir uns weiterentwickeln, erfahren wir, daß ohne die Liebe in unserem Herzen, die bedingungslose Liebe, alles nur Schall und Rauch ist. Wir erfahren die Ebene, in der die Christusenergie alle Lebewesen, alles Sein, umfaßt. Durch dieses Bewußtwerden erkennen wir unsere Mitmenschen als unsere Brüder und Schwestern, es gibt keine Trennung mehr zwischen allen Dingen, und wir sind mit der ganzen Schöpfung verbunden. Auf der nächsten Ebene erfahren wir unsere himmlischen Wurzeln, unsere göttliche Abstammung. Wir sind in unsere Heimat heimgekehrt und werden gewahr, daß wir, unsere Seele, göttlich sind. Wir werden uns unseres Seins bewußt.

Die eigene Meisterschaft annehmen

Mit einem größeren Energiepotential ist auch die Verpflichtung zu mehr Verantwortung und Selbständigkeit verbunden. Wir haben die Wahl zwischen Abhängigkeit, Bevormundung und Kontrolle einerseits und der freien Entscheidung, Kreativität und Freiheit für die Gestaltung unseres Glücks. Je mehr wir wachsen und unsere innere Energie sich stabilisiert, desto mutiger und selbstsicherer gehen wir unseren eigenen Weg. Er verläuft oft anders, als die Familie es sich gewünscht hat. Die Bedürfnisse, die Wichtigkeit von Dingen verändern sich in dem Maße, wie wir uns verändern. Der Glaube an die höhere Führung, das Erleben und Erfahren dieser inneren Intelligenz, gibt uns die Kraft, mit diesen neuen Gedankenmustern zu arbeiten.

Glauben heißt um die innere Führung wissen. Je stärker wir vertrauen, um so leichter können wir loslassen, uns der inneren Führung hingeben. Der erste Schritt muß von uns unternommen werden. Sai Baba sagte einmal: «Wenn ihr einen Schritt auf Gott zu geht, kommt er euch zehn Schritte entgegen.»

Von «Ich bin» zu «Ich weiß»

Jeder Mensch hat mit seiner persönlichen Entwicklung auch an der Entwicklung der ganzen Menschheit Anteil. Beträgt die Lebenszeit eines einzelnen Menschen heute ca. 70–80

Jahre, so dauern die Entwicklungszeitalter, denen die Menschheit unterworfen ist, ca. 2000 Jahre. Während dieser Zeit verändern sich die kosmische Einstrahlung auf die Erde und der Lernprozeß, den die Menschheit als Ganzes zu bewältigen hat. Vom astrologischen Standpunkt aus hat jeder Mensch eine besondere Prägung, vom Zeitpunkt seiner Geburt an. Die Konstellation der Planeten gibt ihm eine «Grundfärbung», eine Prägung, die Lernchancen und -hilfen bietet.

Genauso verhält es sich mit den Zeitaltern der Menschheit. Das Ziel der geistigen Entfaltung ist es, so viele Qualitäten und Facetten der Schöpfung zu erfahren und zu verwirklichen, wie uns die Schöpfung bietet. Die Erde gibt uns die Möglichkeit, uns mit der Materie und ihrer Transformation und Transzendenz auseinanderzusetzen. Allen Planeten in unserem Sonnensystem sind in den Tierkreisbildern, den Sternzeichen, besondere Qualitäten zugeordnet, die Beziehung zur ganzen Schöpfung auf der Erde haben. So gehört z.B. zum Sternzeichen Löwe das Feuerelement, die gelbe Farbe in der Natur (z.B. Johanniskraut – Sonnwendfeier), im Körper bezieht es sich auf den Solarplexus, im Tierreich auf den Löwen. Die Eigenschaften, die dem Löwen zugeschrieben werden, sind einerseits Herrschen, Regieren und in abgewandelter Form Großzügigkeit und Toleranz.

Jedes Zeitalter stellt an die Entwicklung der Menschheit eine andere spirituelle Herausforderung. Um die Menschen in dem Bemühen, mit der neuen Energie zurechtzukommen, zu unterstützen, erscheint meist am Anfang des neuen Zeitalters ein spiritueller Führer, ein Erleuchteter, ein Avatar, der die Menschen auf die neue, auf die Erde einströmende Energie, vorbereitet. Von Zeitalter zu Zeitalter lernen wir die uns innewohnenden Kräfte besser kennen und das Potential, das in uns steckt. War bisher nur einer geringen Anzahl von ausgewählten Priestern und Herrschern eine geistige Weiterentwicklung vorbehalten, so fordert jetzt eine breite Bevölkerungsschicht ihr spirituelles Recht.

Welche Grundtendenzen in früheren Zeitaltern unseren religiösen Bereich geprägt haben, erahnen wir aus den Kunstgegenständen, den Symbolen, den Bauwerken und Bildern, die aus diesen vergangenen Zeiten noch erhalten sind. Der Ausdruck in der Kunst ändert sich mit der Einstellung zu den religiösen Inhalten, Weltanschauungen und Göttern. Das Zeitalter, das von der Löwen-Energie regiert wurde, brachte z.B. als Kunstwerk die Sphinx hervor. Der Mensch erlebte sich höher entwickelt als den König der Tiere, den Löwen. Der Mensch erhob sich aus dem tierhaften Verhalten und lernte, mit seinem Willen die körperlichen Empfindungen zu steuern. Der Löwe untersteht dem Einfluß der Sonne, und in Ägypten wurde in dieser Zeit Ra, die Sonne, als Gott verehrt. Die Kraft «Ich will» kam in den ägyptischen Riten und in den mystischen Einweihungsfeiern zum Ausdruck.

Im Zeitalter des Stiers entstand die hinduistische Religion und die Verehrung der heiligen Kuh in Indien, des «Goldenen Kalbs» in der Bibel. Es stand unter dem Einfluß von «Ich habe». Die Befriedigung der persönlichen Wünsche wurde umgewandelt in höheres Verlangen, in spirituelle Entfaltung.

In der Zeitspanne des Widders brachte Gott durch die Schafhirten seine Botschaft zum Ausdruck, und er wurde durch Lammopfer in der biblischen Geschichte gütig gestimmt. Moses empfing die zehn Gebote auf einem Berg, der mit Feuer umhüllt war, und aus dem brennenden Dornbusch kam die Botschaft: «Ich bin, der ich bin.» Feuer ist das Element des Widders. Die vielen Gottheiten wurden durch einen Gott abgelöst.

Das Fische-Zeitalter wurde durch Buddha vorbereitet und durch Jesus weitergeführt. Der «Fischer der Menschen» taufte mit Wasser, dem Element der Fische, wandelte auf dem Wasser und verwandelte Wasser in Wein. Seine spirituelle Botschaft war «Ich glaube». Die falschen Auswüchse eines nicht gelebten und erkannten Glaubens erkennen wir in den Religionskriegen, den Märtyrern und der Heiligen Inquisition.

Der Umbruch vom Fische- ins Wassermann-Zeitalter begann mit der Französischen Revolution, in der die Ideale von «Freiheit, Gleichheit und Brüderlichkeit» entstanden. Der Glaube an Gott wurde durch den Glauben an die Wissenschaft ersetzt. Aber schon jetzt erkennen viele Menschen deren Grenzen. Das Wassermann-Zeitalter wird in den Veden als ein Goldenes Zeitalter beschrieben, in dem sich der Menschheit ungeahnte Möglichkeiten eröffnen. Freiheit, Gleichheit und Brüderlichkeit können erfahren werden. In der äußeren Welt haben wir durch die Raumfahrt schon begonnen, Luft und Raum, die Elemente des Wassermanns, zu beherrschen. Zugleich werden wir in den kommenden 2000 Jahren von der Sicherheit des «Ich glaube» in die Weisheit des «Ich weiß» geführt.

Vieles kann erreicht werden, wenn wir die Zeichen der Zeit richtig erkennen. Uranus, der Herrscher des Wassermanns, zerstört alte Muster, falsche Glaubenssätze, verkrustete Verhaltensweisen und rigide Lehrmeinungen. Zugleich eröffnet sich damit die Chance, die eigene innere Meisterschaft zu leben und so zu der Vision einer Heilung von Mensch und Welt beizutragen.

Das Energieprogramm der Fünf »Tibeter« hilft uns dabei, indem es unser Energiepotential weiter öffnet und uns auf dem Weg der Selbsterfahrung und Selbsterkenntnis unterstützt.

Mit diesem Programm haben wir einen Schlüssel in der Hand, um unser eigenes Energiepotential zu erkunden. Sie werden Höhen und Tiefen erleben und manchmal glauben, auf der Stelle zu treten. Aber diese Schritte sind notwendig, bringen Erfahrung und Wissen auf dem Weg der Selbsterfahrung und Selbsterkenntnis. Der Weg nach Shambhala, dem Königsreich in uns, beginnt mit dem ersten Schritt vor unserer Haustür: Tun Sie ihn jetzt!

Wie können wir jung bleiben?

Die Jugend kennzeichnet nicht einen Lebensabschnitt, sondern eine Geisteshaltung; sie ist Ausdruck des Willens, der Vorstellungskraft und der Gefühlsintensität. Sie bedeutet Sieg des Mutes über die Mutlosigkeit, Sieg der Abenteuerlust über den Hang zur Bequemlichkeit.

Man wird nicht alt, weil man eine gewisse Anzahl Jahre gelebt hat: Man wird alt, wenn man seine Ideale aufgibt. Die Jahre zeichnen zwar die Haut – Ideale aufgeben aber zeichnet die Seele. Vorurteile, Zweifel, Befürchtungen und Hoffnungslosigkeit sind Feinde, die uns nach und nach zur Erde niederdrücken und uns vor dem Tod zu Staub werden lassen.

Jung ist, wer noch staunen und sich begeistern kann. Wer noch wie ein unersättliches Kind fragt: Und dann? Wer die Ereignisse herausfordert und sich freut am Spiel des Lebens.

Ihr seid so jung wie Euer Glaube. So alt wie Eure Zweifel. So jung wie Euer Selbstvertrauen. So jung wie Eure Hoffnung. So alt wie Eure Niedergeschlagenheit.

Ihr werdet jung bleiben, solange ihr aufnahmebereit bleibt: Empfänglich für's Schöne, Gute und Große; empfänglich für die Botschaften der Natur, der Mitmenschen, des Unfaßlichen. Sollte eines Tages Euer Herz geätzt werden von Pessi-

mismus, zernagt von Zynismus, dann möge Gott Erbarmen
haben mit Eurer Seele – der Seele eines Greises.

Marc Aurel

Dank

Danken möchte ich all denen, die mich zu den Erfahrungen geführt haben, die ich machen durfte auf meinem Weg der Selbsterkenntnis. Menschen wie Dina Rees, Sai Baba, Maharishi Mahesh Yogi, Herakan Babaschi, Rudy und Mamma Jimenes, Sary Auli, Zhi Chang Li, Monnica Tailer, Dorothee Brodenberg, Serge Kahili King, meinen Freundinnen Luise und Britta, die mir durch ihre Anteilnahme immer wieder Mut machten, der Familie v. Egloffstein, die wahre Nachbarschaftshilfe leistete, den Familien v. Bredow und Fietz, die mir ihr Computerwissen zur Verfügung stellten, Beata, die meine Wäscheberge schmelzen ließ und, last not least, meiner Familie, die mir die Gelegenheit gab, das Geschriebene gleich im Alltag zu bestätigen.

Literatur

Augustat, Wilhelm: *Die Botschaft aus Schambhala*. Bergisch Gladbach: Bastei Lübbe, 1997

Bach, Edward: *Blumen, die durch die Seele heilen*. München: Hugendubel, 1978

Brugh, Joy, W.: *Weg der Erfüllung*. Interlaken: Ansata, 1985

Bailey, Alice A.: *Esoterisches Heilen*. Genf: Lucis, 1962

Hesse, Hermann: *Gesammelte Werke*, Werkausgabe Edition. Frankfurt a. M.: Suhrkamp, 1972

Hillebrandt, Alfred (Übertr.): *Upanishaden*. München: Diederichs, 1977

Jasmuheen: *Lichtnahrung*. Burgrain: KOHA Verlag, 1997

Kahili King, Serge: *Erd-Energien*. Freiburg i. Br.: Lüchow, 1995

Kahili King, Serge: *Der Stadt-Schamane*. Freiburg i. Br.: Lüchow, 1992

Kuthumi: *The Human Aura*. Malibu: Summit University Press, 1962

Monroe, Douglas: *Merlyns Vermächtnis*. Freiburg i. Br.: Bauer, 1995

Swami Muktananda: *Spiel des Bewußtseins*. Freiburg i. Br.: Aurum, 1975

Ozaniec, Naomi: *Die Chakras*. Braunschweig: Aurum, 1993

Ray, Sondra: *Was Liebe vermag*. München: Peter Erd, 1994

Roerich, Nicholas: *Schambhala*. Freiburg i. Br.: Aurum, 1988

Schwarz, A. A., Schweppe R. P. und Pfau, W. M.: *Wyda, die Kraft der Druiden*. Freiburg i. Br.: Bauer, 1989

Swami Sivananda Sarasvati: «Der dreifache Yoga», *Sifat*, Zeitschrift der Sufi-Bewegung, Jahrgang VIII/2, Sommer 1978, Genf

Two Disciples: *The Rainbow Bridge*. Danville, CA, USA: Rainbow Bridge Productions, 1975

Ausbildungsprogramm Brigitte Gillessen

In der Fünf-»Tibeter«-Trainerausbildung werden folgende Themen erarbeitet:

- Die Bewegungsabläufe der Fünf-»Tibeter«-Riten
- Hilfestellungen bei Bewegungseinschränkungen und bei körperlichen Beschwerden
- Einführung in die Anatomie mit besonderem Schwerpunkt auf der Wirbelsäule
- Das Chakrasystem: Methoden zur Öffnung, Heilung und Aktivierung der feinstofflichen Zentren
- Die feinstoffliche Anatomie und das Zusammenwirken der körperlichen, emotionalen, mentalen, spirituellen Ebenen des Seins
- Der Atem: seine reinigende und heilende Kraft
- Meditation: Es werden verschiedene Meditationstechniken vorgestellt und geübt
- Visualisation und Träume: Werkzeuge, die Realität zu verändern
- Energiearbeit: Wahrnehmen, Fühlen, Aktivieren und Aussenden von Energien. Die Kommunikation mit den Energieebenen Mineralreich, Pflanzenreich, Tierreich, Engelreich, geistige Hierarchie
- Das Energieprogramm: Techniken, die den körperlichen Übungen eine geistige Qualität hinzufügen und eine Belebung und Energetisierung unserer Körper-, Geist- und Seele-Einheit bewirken
- Praktisches Gestalten kleiner Unterrichtseinheiten
- Zertifikat: Nach erfolgreichem Abschluß der Ausbildung wird vom Integral Verlag ein Zertifikat ausgehändigt, das zum Unterrichten der Fünf »Tibeter« berechtigt.

Weitere Informationen erhalten Sie über die folgende Adresse:

- Brigitte Gillessen, Balanstraße 365, D-81549 München,
  Tel. (Deutschland) (0)89/68 07 07 01,
  Fax (Deutschland) (0)89/68 07 07 02
- über die Fünf-»Tibeter«-Hotline,
  Tel. 00800/58 42 38 37
- oder im Internet: http://www.fuenf-tibeter.de